名师名校名校长

凝聚名师共识
回应名师关怀
打造名师品牌
培育名师群体

幼儿园户内外游戏一体化探索与实践

林燕玲 / 主编

中国出版集团　现代出版社

图书在版编目（CIP）数据

幼儿园户内外游戏一体化探索与实践 / 林燕玲主编
. —北京：现代出版社，2022.4
ISBN 978-7-5143-9858-8

Ⅰ.①幼… Ⅱ.①林… Ⅲ.①游戏课—教学研究—学前教育 Ⅳ.①G613.7

中国版本图书馆CIP数据核字（2022）第047230号

幼儿园户内外游戏一体化探索与实践

作　　者	林燕玲	
责任编辑	窦艳秋	
出版发行	现代出版社	
地　　址	北京市安定门外安华里504号	
邮政编码	100011	
电　　话	010-64267325　64245264	
网　　址	www.1980xd.com	
印　　制	北京政采印刷服务有限公司	
开　　本	710mm×1000mm　1/16	
印　　张	11	
字　　数	176千字	
版　　次	2022年4月第1版　　2022年4月第1次印刷	
书　　号	ISBN 978-7-5143-9858-8	
定　　价	68.00元	

目 录

第一篇　幼儿园户内外游戏一体化创设实践研究

"幼儿园户内外游戏一体化创设实践研究"结题报告 ………………………… 2

创思金域华府幼儿园"户内外游戏一体化项目规划与创设"指导手册 ………17

户内外游戏活动案例 ……………………………………………………………21

　　我的幼儿园 …………………………………………………………………21

　　东莞茶楼 ……………………………………………………………………23

　　长长的河流 …………………………………………………………………24

　　我们的火箭飞船 ……………………………………………………………25

　　我要当报幕员 ………………………………………………………………26

　　小小特种兵 …………………………………………………………………28

　　乐高汽车大比拼 ……………………………………………………………30

　　弹吉他 ………………………………………………………………………31

　　玩具分享 ……………………………………………………………………32

　　编织的乐趣 …………………………………………………………………33

　　棋牌游戏区 …………………………………………………………………35

户外游戏活动观察记录表 ………………………………………………………37

　　幼儿户外游戏活动观察记录表：乙茗 ……………………………………37

　　幼儿户外游戏活动观察记录表：悦浠、昕昕 ……………………………38

　　幼儿户外游戏活动观察记录表：依然、苗睿、昶好 ……………………39

　　幼儿户外游戏活动观察记录表：翊骞、弘宇 ……………………………40

　　幼儿户外游戏活动观察记录表：心心、思珩 ……………………………41

幼儿户外游戏活动观察记录表：楷峰、冠乔、启源、俊熙 ……………42

幼儿户外游戏活动观察记录表：悦苹、靖然、景轩 ……………43

幼儿户外游戏活动观察记录表：涵雨、筠霏、未晞 ……………44

幼儿户外游戏活动观察记录表：皓维、俊杰、乙茗 ……………45

幼儿户外游戏活动观察记录表：程希、宣诺 ……………46

幼儿户外游戏活动观察记录表：诗涵、羽彤、若琪 ……………47

幼儿户外游戏活动观察记录表：若彤、雪儿 ……………48

幼儿户外游戏活动观察记录表：沐沄、诺熙、彤彤 ……………49

第二篇　幼儿园户内外建构游戏一体化创设实践研究

子课题"幼儿园户内外建构游戏一体化创设实践研究"结题报告 ……………52

户内外建构游戏一体化指导手册 ……………64

户内外建构游戏案例 ……………75

　不会倒的酸奶杯 ……………75

　好玩的沙坑 ……………77

　城　堡 ……………79

　玩　水 ……………81

　快乐沙滩 ……………83

　建筑师 ……………85

　搭建城堡 ……………87

　迷　宫 ……………88

　围　城 ……………89

　停车场 ……………90

户内外游戏主题建构教案 ……………91

　大班主题建构教案：我们的幼儿园 ……………91

　大班建构游戏：我的主题公园 ……………97

第三篇 幼儿园户内外积木建构游戏一体化创设实践研究

子课题"幼儿园户内外积木建构游戏一体化创设实践研究"结题报告…………… 104
教研活动方案及活动记录（节选） ………………………………………………… 117
　　大班建构积木活动主题教研活动 ……………………………………………… 117
　　"创意拼搭"主题教研活动 …………………………………………………… 119
　　积木建构"凉亭"主题研讨 …………………………………………………… 121
　　引导幼儿建构积木活动 ………………………………………………………… 123
积木建构活动教案 …………………………………………………………………… 125
　　古　桥 …………………………………………………………………………… 125
　　城　堡 …………………………………………………………………………… 127
　　飞　机 …………………………………………………………………………… 129
　　立交桥 …………………………………………………………………………… 132
　　楼　房 …………………………………………………………………………… 134
　　认识积木 ………………………………………………………………………… 136
　　架空和砌墙 ……………………………………………………………………… 138
　　火　车 …………………………………………………………………………… 140

第四篇 幼儿园户内外体育游戏一体化创设实践研究

子课题"幼儿园户内外体育游戏一体化创设实践研究"结题报告 …………… 144
幼儿园户内外体育游戏一体化材料一览表 ……………………………………… 153
幼儿园户内外体育游戏材料投放方案 …………………………………………… 157
幼儿园户内外体育游戏指导策略 ………………………………………………… 163

第一篇

幼儿园户内外游戏一体化创设
实践研究

"幼儿园户内外游戏一体化创设实践研究" 结题报告

一、课题的提出

（一）选题背景及意义

《幼儿园教育指导纲要（试行）》中提出："环境是重要的教育资源，应通过环境的创设和利用，有效地促进幼儿的发展。""幼儿园应为幼儿提供健康、丰富的生活和活动环境，满足他们多方面发展的需要，使他们在快乐的童年生活中获得有益于身心发展的经验。"《广东省幼儿园一日活动指引（试行）》规定："幼儿户外活动时间每天不少于2小时，其中体育活动时间不少于1小时。"然而，我们可以看到很多能保证幼儿进行多种体能锻炼的活动，但户外活动往往只有散步、玩沙、玩水等，活动内容过于简单或不具有游戏性。我园在研究户外体能大循环的基础上，进一步思考如何设置园内所有的设备、物质、材料、时间等以满足幼儿的需要，于是，我们巧妙利用幼儿园内的户内外空间，如楼梯、拐角、走廊、操场、绿化地、沙水池等场所，同时结合室内外环境一体化的要求，创设幼儿感兴趣的游戏，并注重材料投放的可操作性、层次性以及教师的指导策略。因此，我们把有效开展户内外游戏一体化创设活动及充分利用有限空间进行无限的幼儿游戏活动作为一个重要课题来研究。同时，该课题的主持人是东莞市林燕玲名园长工作室的主持人，所以我们将本课题作为工作室课题，而各成（学）员幼儿园确立子课题，共同研究。

（二）研究意义与价值

1. 研究意义

（1）本课题研究符合幼儿教育发展的需要。《3—6岁儿童学习与发展指南》（以下简称《指南》）指出："要珍视游戏和生活的独特价值，创设丰富的教育环境，合理安排一日生活，最大限度地支持和满足幼儿通过直接感知、实际操作和亲身体验获取经验的需要……"《广东省幼儿园督导评估方案》（以下简称《评估方案》）规定："保证每天不少于2小时（寄宿园3小时）的户外活动，其中体育活动1小时（寄宿园2小时）以上。"我们课题中的游戏活动符合《指南》和《评估方案》的要求。目前，户内外游戏一体化活动主要存在活动场地创设不合理、活动效果不明显、材料投放目的性不强、教师指导能力欠缺，且缺乏创新性的研究等问题，其研究也是为了解决这些问题。

（2）本课题研究符合幼儿全面发展的需要。户内外游戏一体化研究项目改变了传统教育中幼儿处于被动的局面。通过设计，我们可以为幼儿提供活动的场地、可操作的材料、环境，让幼儿在操作、探索、体验中全面发展，这体现了幼儿素质教育、健康教育的主动性和实践性。

（3）本课题符合推动区工作室内的幼儿园共同进步的需要。以《指南》为依据，依托主持人的办学经验和示范引领作用，帮扶区内工作室的幼儿园提高户内外游戏一体化活动等薄弱环节的质量，实现优质资源共享，逐步缩小幼儿园之间的差距，促进我区学前教育均衡、健康发展。

综上所述，本研究项目以"户内外游戏一体化活动"为载体，以《指南》为指导，以幼儿为主体，与园所现有场地相结合，科学、合理开展户内外游戏一体化活动，发挥开展游戏活动的最大教育价值。

2. 研究价值

（1）研究应用价值。在国家大力推行学前教育课程游戏化的过程中，良好的户内外游戏一体化创建有利于幼儿与游戏创设的环境产生积极的相互作用，提高教育效果。教师把教育意图渗透到丰富的、有组织的游戏创设环境中，通过游戏环境中的诸因素传递各种信息，启发、引导幼儿，使幼儿产生积极的情绪体验，从而实现全面发展。良好的户内外游戏一体化创设有利于满足幼儿认识、探索世界的需要。教师为幼儿创设可操作和探索的户内外游戏环境，不但能使幼儿通过与游戏创设环境产生相互作用，从而改变不良行为习惯，而且能使幼儿通过自己的实践活动去寻求解决问题的方法，让幼儿在活动中增长经验。因此，本课题借鉴专家课程游戏化建立的教育理论和国内外有关的研究成果，以幼儿的社会性和生活学习能力发展为导向，以户内外游戏开展的模式，探索在游戏活动中培养3~6岁幼儿各方面的能力，对丰富我园一日活动中户内外游戏一体化创建理论和实践具有深远的意义。

（2）研究学术价值。幼儿园户内外游戏一体化创设是幼儿园教育过程中的重要资源，户内、户外资源的有机融合将游戏意义最大化，是幼儿在幼儿园生活的基本条件，也是以游戏为基本活动的条件保障。为幼儿创设丰富且能够激发其探索兴趣、想象和思考的游戏，就是在创设有利于幼儿发展的学习环境。幼儿园的空间环境、活动设施、教师指导策略等对幼儿的探索活动有明显的推动作用，通过对幼儿园游戏环境一体化创设的有效利用，可最大限度地促进幼儿的身心发展。

（三）国内外同类课题的研究综述

在查阅文献过程中，没有查到关于户内外游戏一体化创设的研究论述，但查阅到许多与游戏环境相关的文章。主要参考有：张利芳、宋彩珍《从苏霍姆林斯基思想看幼儿园的体育环境创设——以"利津游戏"为例》；吴燕《教研，需要有大智慧——以课题"幼儿园户外环境创设与幼儿自主游戏融合的策略研究"教研为例》；管金玲《课程游戏化背景下幼儿园班级环境的创设探究》；段媛媛《浅谈幼儿园自然游戏环境的价值与创设》；张莅颖、张世锋《英国开展儿童户外游戏的理论与实践》；陈东梅、牟映雪《幼儿园游戏活动开展现状与对策——以城口县幼儿园为例》；等等。通过这些研究成果，我们得到一些理论依据和启示：①提出幼儿园体育环境的创设应在整体环境创设的基础上，做好显性的体育环境创设，吸引幼儿踊跃参与；做好隐性环境支撑，从精神和制度上激励幼儿坚持体育活动，使幼儿的体育天性在自由的环境中得以释放和良性发展。②室内游戏区域界线模糊，资源利用率不高，区域划分不合理，环境更新慢，过分强调美观，缺乏符合幼儿特点和园本特色的创意设计；户外游戏环境、设备单一，活动面积狭小，场地设计简单。③结合课程游戏化教学创设良好的班级环境，可以为幼儿提供游戏活动和表现能力的机会与条件，促进每个幼儿在原有的水平上得到不同程度的发展。我们在课程游戏化大背景下，在环境创设方面进行研究和探索，力争使游戏化教育与班级环境相融合，充分发挥班级环境的作用，进行多元化的游戏材料投放，使幼儿、家长、教师在游戏化的环境中成长、发展、提升。④英国的学前教育理论研究者和实践工作者普遍认为户外游戏对儿童身心的发展较室内活动有更重要的作用，且能同室内活动一起促进儿童的充分发展，辅助幼儿园完成教育教学目标。在户外游戏环境的设计和布置上，英国的学前教育工作者十分重视室内教育环境与户外游戏环境的衔接，认为户外游戏场地的面积不宜过小，以免使儿童产生攻击性行为，但也不宜过大，以免儿童产生不安全感和增加教师管理的难度。从以上这些研究中我们认识到：国外有关户外游戏的基本观点和国内是基本一致的，但目前国内对幼儿园户外游戏场地的研究大多从硬件设施建设的角度出发，倾向于关注幼儿游戏场地的设施和安全，而对幼儿园户外游戏场地的功能分区、材料提供，以及教师如何将室内活动和室外游戏结合起来等方面，还缺乏深入的研究和探讨。因此，这需要我们借鉴国外成功的相关经验，在户外游戏场地区域的划分上要考虑如何充分发挥不同游戏的功能及不同区域之间的相邻关系，同时教师应创设条件让儿童充分、有效地利用户外环境进行适当的体育锻炼。幼儿园应在户外游戏与室内游戏活动相结合、户外游戏目标确定、户外游戏开展特点与条件等方面进行相关研究。

二、课题核心概念及其界定

本课题中"户内外游戏一体化"核心概念的界定：指将3~6岁的幼儿，以"体能及自主游戏活动"的形式在规定时间，不同的户内、户外的活动空间进行物质及心理创设游戏一体化的思维，开展幼儿自主游戏活动，让不同年龄段和不同发展水平的幼儿在有准备的游戏创设环境（心理游戏环境和物质游戏环境）中进行"自发、自主、自由、合作、互助"的有品质的游戏活动。教育部推行的幼儿课程游戏化的有关文件为我们提供了坚实的研究导向和政策支持。

三、课题研究的理论依据

1. 游戏与儿童发展的关系理论

游戏反映发展，这表明游戏是儿童已有经验的表现活动（发展评价）。游戏应该成为教师了解儿童的窗口，教师能从中了解儿童的水平差异。我们要避免创设与幼儿已有经验脱离的游戏环境，因为这样做又会回到教师高控幼儿游戏的误区。游戏巩固发展，这表明游戏中有大量的自发练习性行为（重复行为）。幼儿所重复的行为是他刚刚掌握的新行为。当幼儿对一个行为已经没有重复意愿时，说明这个行为对幼儿的发展作用已经实现了。游戏促进发展，这表明游戏中有大量的自发探索性行为（试探行为），幼儿在游戏中的一次次尝试会促进他的发展。因此，我们进行幼儿园游戏一体化创设对幼儿的发展有着积极的推进作用。

2. 游戏的本体价值理论

游戏的本体价值突出表现为游戏本身所具有的之于儿童的发展、之于早期教育的根基性意义和能动作用。这种价值跨出了仅拘泥于教学形式或手段的微观操作中的论域，而具有更深刻和更广泛的意义。由此，我们认为户内外游戏一体化的本体价值有三点：①一种顺应儿童天性的法则；②一个观照童年文化的视角；③一条向童年生活回归的道路。

四、课题研究的内容

（1）基于户内外游戏一体化空间创设的研究。

（2）基于户内外游戏一体化活动中游戏种类创设的研究。

（3）基于户内外游戏一体化材料投放的研究。

（4）基于户内外游戏一体化开展及管理的研究。

（5）基于户内外游戏一体化开展中教师指导策略的研究。

本项目研究的总体框架如下。

```
           幼儿园户内外游戏一体化创设实践研究
   ┌──────────────────┼──────────────────┐
   ▼                  ▼                  ▼
┌──────────┐      ┌──────────┐      ┌──────────┐
│建构户内外 │      │户内外游戏 │      │户内外游戏 │
│游戏一体化 │      │一体化中活 │      │一体化活动 │
│活动设置及 │      │动场地创设 │      │的组织与评 │
│组织新方案 │      │及教育环境 │      │价的研究   │
│的研究     │      │的研究     │      │          │
└────┬─────┘      └────┬─────┘      └────┬─────┘
     ▼                  ▼                  ▼
┌──────────┐      ┌──────────┐      ┌──────────┐
│1.方案学习 │      │1.场地规划 │      │1.观察、记 │
│2.项目内容 │      │2.环境创设 │      │  录、分析 │
│3.组织形式 │      │3.材料创设 │      │2.指导策略 │
│4.环境与资源│      │          │      │3.评价方法 │
└──────────┘      └──────────┘      └──────────┘
```

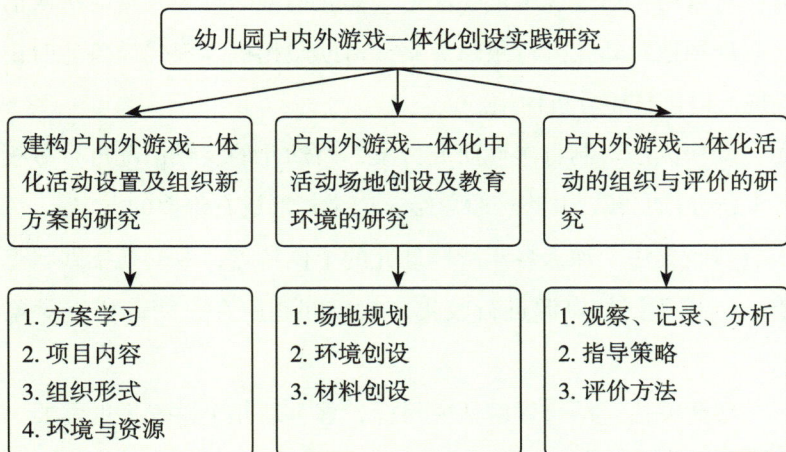

五、课题研究的目标

（1）探索幼儿园户内、户外游戏空间及环境的打造和开发，在一定的环境及空间的创设中，引导幼儿在自主、自发、自由的基础上进行游戏活动。

（2）通过全园的户内外游戏一体化内容和种类项目的创设，提供时间、材料的配置和投放及教师对游戏的学习指导培训，促进教师对幼儿游戏活动的支持和观察能力，提升教师以幼儿为中心的指导策略，进一步成为幼儿学习的支持者、合作者、引导者，促进教师专业化水平的发展。

（3）形成一系列幼儿园户内外游戏一体化创设的基本物质准备、园内开展及管理、教师指导策略等方面的实践操作模式。

六、课题研究的方法与过程

（一）研究方法及实施思路

1. 研究组织手段

主要通过行动研究法，以户内外游戏一体化环境的创设，材料的选择、投放，游戏规则的建立，活动空间、方位、时间的协调和管理，教师的指导策略，幼儿的实际操作为主体展开研究，研究实践过程中出现的新问题，通过观察、研讨，改进操作实践状况。通过观察法，细致观察每次活动中幼儿的行为及教师的应对策略。通过逸事记录法记录幼儿典型的行为表现，每次活动教师有目的、有计划地对幼儿进行跟踪观察，借助照相机等现代设备适时记录幼儿的行为表现，以供日后分析使用。

（1）行动研究法。制订个性研究方案，对幼儿的实践情况进行分析，再研究调整，重新进行实践，并将经验总结、记录，形成有价值的文字。

（2）资料收集法。深入各年龄段幼儿的个体特点，对幼儿实践状态或现状进行调查，利用不同的资源进行收集，找准问题所在，明确研究对象的发展情况。

（3）个案研究法。结合课题研究目标，尊重幼儿个性发展的需要，进行游戏一体化的有效观察与指导。

（4）文献法。广泛收集、整理有关游戏创建的文献资料，借鉴参考国内外相关游戏创建的经验和做法，提升研究人员文献研究的专业化能力。

2. 实施思路

（1）研究着重引领各个幼儿园对自己园所的户内外环境进行勘察和考量，从中找出可以开发利用的空间。

（2）进行游戏项目的创设，要求适合不同年龄段幼儿的游戏，并提供丰富的高、中、低材料供幼儿选择。

（3）引导教师以儿童为中心的教育理念观察和支持幼儿的游戏活动，并给予专业指导。

（4）鼓励幼儿自主开展游戏，并在与其他幼儿的合作中学会互动协作。

（5）各园在不断的户内外游戏创设中形成本园园本化的、稳定的一体化游戏模式并坚持研究。

（二）课题研究的过程

2019年4月，课题组向东莞市教育科研办提出立项申请。2019年8月，该课题被正式批准为东莞市名师、名班主任、名校长（园长）工作室课题。具体研究过程如下。

1. 问卷调查

设计各园调查问卷，对工作室内两所姐妹学校及南城国际公馆幼儿园、南城豪英幼儿园等幼儿园游戏的开展状况进行问卷调查。研究分析还存在游戏未开展、时间未保证、游戏材料投放不足、游戏设置问题不足等问题，从中吸取教训，弄清楚各园的游戏状态，对所有个案进行大致的分析、归类，并撰写一份调查分析报告。通过分析与整理，进一步明确开展游戏一体化创设的必要性，引领各园游戏一体化开展的研究。

2. 理论学习

为了更科学、有效地开展本课题研究，课题组成员收集了大量相关资料，建立课题研究资料档案，进行了相关的理论学习。邀请了工作室专家指导，组织各园教师集中学习了《幼儿游戏理论》《儿童游戏的当代理论与研究》《儿童游戏通论》《幼儿游戏评价》等著作，厘清概念，更好地领会了游戏一体化创设的精髓，掌握了科学的思维方法，为课题研究寻求到了科学依据，为下一步研究夯实了基础。

3. 行动研究

探索将"幼儿园户内外游戏一体化"的创设一般模式引入游戏活动，将研究的触角伸向"游戏创设项目设计""游戏材料配置研究"和"游戏评价"三个方面。

（1）重点和难点问题。本项目面向林燕玲名园长工作室所有成（学）员，在东莞市南城区开展学习培训、现场教研、跟岗学习、观摩交流等实施过程，与南城豪英幼儿园、南城国际公馆幼儿园建立"结对帮扶"关系，以点带面推动区内幼儿园共同进步。项目研究内容突破的重点和难点问题如下。

问题一：建构户内外游戏一体化活动设置及组织新方案的研究。首先加强户内外规划的前审议，优化户内外游戏一体化项目区域设计；其次开展集体研讨，修正户内外游戏一体化活动的创设过程；最后汇总经验，选择最优游戏项目组织案例。学期初围绕主要目标、主要活动安排、环境与资源、游戏项目区域设置、游戏活动材料准备等对户内外游戏一体化活动项目进行全面审议，根据幼儿园实际场地及幼儿园办园特点、幼儿的实际水平进行观摩与修正，再汇总集体意见，不断优化户内外游戏的场地设置、游戏项目活动的设计与组织实施。

问题二：户内外游戏一体化活动场地创设及教育环境的研究。根据户内外场地创设情况与游戏项目设计活动方案，制订相应的游戏教育环境方案，坚持高低结构材料相辅相成、自制与购置相结合、幼儿自由选用的原则进行游戏环境创设与材料投放，满足幼儿在游戏活动中自主活动的需要。开展游戏环境与材料的有效性评议和调整，并在实施过程中不断完善。

问题三：户内外游戏一体化活动的组织与评价的研究。组织教师加强理论学习，以专家讲座、外出参观学习、内部自培等形式进行相关专题培训，更新教育观念。各班选择固定的跟踪对象进行观察记录，分析实施情况，及时发现游戏材料和游戏活动的组织形式、指导策略、评价方法的问题，从而进行调整。开展专题教研与案例研讨，提出各自的思路和策略，使教师形成新的游戏活动教育能力，促进教师的专业成长。

（2）总结提高。为了确保课题研究工作的有序开展，各课题组按照制订的课题实施方案，统一思想，大胆探索，组织教师积极开展形式多样的研讨活动。课题研究过程中，教师注重审视自己的指导行为，记录幼儿在游戏中的点滴感触，在不断反思中进步，在总结中提高自己的教科研能力。

（3）结合课题研究工作，开展形式多样的研讨交流活动。为了保障课题更高效地开展，我们除了鼓励各园研究小组通过多元化的理论学习，丰富自身，提高自身理论水平外，还借助专家团队，如聘请东莞市教育局教研室学前教育教研员邓泰初老师，深圳市龙岗区教育局教研员张静老师，东莞市中小学教师发展中心学前教育部负责人张彤老师，东莞市教育局学前教育科汪涛老师，东莞市南城教育办科研员董剑老师等专家、领导到我园及工作室各成（学）员所在幼儿园指导课题研究。专家们的引领，使我们的理论学习和实践研究得到了充分的保障，我们对后期的研究有了清晰的思路，对"幼儿园游戏一体化创设"的开展也有了一些比较成熟、比较本质的思考，使我们走向正确的研究方向，研究效率也大大提高了。

（4）为了使课题研究人员开阔视野，让课题研究得到多方位、多层次的建议及效果反馈，我们加强了课题研究的对外交流与展示。课题实施期间，曾多次与东莞市南城创思金域华府幼儿园、东莞市南城石竹幼儿园、东莞市宏远中英文幼儿园、东莞市南城金色朝阳幼儿园、东莞市高埗洋洋幼儿园、东莞市南城新新基幼儿园、东莞市南城悦珈幼儿园、东莞市南城豪英幼儿园等多所姐妹学校以及来自东莞市园长班、惠东博罗县园长班、广西玉林幼儿园园长班等跟岗学校的园长老师进行户内外游戏展示与专题研讨，还进行了集中线上培训等。

在课题的交流展示过程中，姐妹学校及同行老师对本课题研究工作的肯定与赞赏，鼓励着我们课题组将进入更高层次的学习与研究。

七、课题研究成果

在各级领导和专家的关心指导与课题组的共同努力下，我们达到了预期的目标，在社会上反响良好，并取得了较多的研究成果。现将研究成果概述如下。

1. 初步构建了"幼儿园户内外游戏一体化"的多种户内外游戏一体化创设模式

经主课题与子课题组各园老师的努力实践，我们初步形成了适合各园特点的户内外游戏模式。户内外游戏探究的宗旨是户内、户外有机融合，延展互补。坚持创设能为幼儿提供操作和探索的户内外游戏环境，不但能使幼儿通过与游戏创设环境的相互作用养成主动学习的态度，也能使幼儿通过自己的实践活动去寻求解决问题的方法，让幼儿在活动中增长经验。

经过两年多的实践探索、修正，再实践、总结，各园已初步形成了"幼儿园户内外游戏一体化"的多种户内外游戏一体化创设模式，各园按照户内、户外游戏一体化创设的基本原则，进行了多种游戏类型的户内外一体化创设，分别包括东莞市南城石竹幼儿园的户内外建构游戏一体化创设实践研究；东莞市宏远中英文幼儿园的户内外体育游戏一体化创设实践研究；东莞市南城金色朝阳幼儿园的户内外积木建构游戏一体化创设实践研究；东莞市南城创思金域华府幼儿园的户内外游戏一体化创设实践研究；东莞市高埗洋洋幼儿园的户内外体能循环游戏一体化创设的实践研究；东莞市南城新新基幼儿园的户内外民间体育游戏一体化创设的实践研究。各园研究基本探究出了一套教师观察、幼儿商讨——室内游戏区域创设——户外游戏区域创设的模式，初步形成完整的教育和组织游戏的系列举措，如室内未完成，户外做延伸；室内练技能，户外大创作；室内小材料，户外大材料；户外遇问题，室内寻方法；等等。在户内外游戏中，幼儿们都在自主自发学习、交流讨论，因此幼儿有了更多的展示机会，激发了其游戏热情与学习兴趣，达到了良好的效果。教师与幼儿一起成为游戏活动的观察者和组织者，教师在关键时候做一些点拨、纠正、补充和总结。户内外游戏气氛活跃，幼儿参与度高，表现投入，创造性强。从游戏的组织形式来看，原有的僵化、封闭的游戏形式得到了改变；在发展幼儿潜能和创造性的学习上，也有了明显体现。该游戏模式的制定与开展对于帮助全体课题组教师转变教育思想，促进游戏质量的真正提高，起到了重要作用。

2. 提炼了"自由、自主、愉悦、创造"的游戏开展实施策略

教师指导的优劣直接或间接影响了幼儿在游戏中的体验。教师有效的观察与指导能够提升体育游戏的质量，充分发展幼儿的游戏技能，增强幼儿的游戏体验。在体育游戏中，教师观察与指导的策略主要包括观察幼儿选择游戏材料的情况，帮助幼儿掌握一些游戏技能；观察幼儿投入游戏与交往的状态，促进幼儿自由、自主参与；观察材料的投放与使用等，满足幼儿发展需求；观察幼儿遵守规则的表现，培养幼儿的规则意识。课题组针对户内外游戏创设选取典型的案例进行分析，一边研究一边改善，提炼出可操作性较强的实施策略。为了验证我们的策略是否合理、是否具有可操作性、是否具有普及性，各园课题组以户内外游戏开展为依托，进行多角度的实践验证、对比分析，实施游戏现场展示交流，促进课题研究向纵深发展，而且由此带动了全园教师对"幼儿园户内外游戏一体化"指导下的游戏教学探索与思考。

3. 编写了一套《户内外游戏一体化活动案例集》校本教材

为了在幼儿园游戏活动中充分落实"户内外游戏一体化创设"的游戏开展模式，真正做到户内外空间设置，游戏项目设置，游戏材料投放，教师指导策略。课题组带领教师在幼儿游戏时遵循三点原则：①个别指导和同伴影响相结合。②表扬和引导相结合，通过游戏后回顾环节，引导幼儿分享自己的创意与游戏中的成功表现。③观察游戏材料的使用与替代能力。通过不断的游戏实践、观察，课题组成员反复研讨与修改，初步编写了一套《户内外游戏一体化活动案例集》校本教材。

4. 汇编课题研究专著《让幼儿游戏向更高水平发展》论文集

在实践和研究中，参与研究的教师认真阅读了《儿童游戏通论》《幼儿游戏理论》《幼儿园游戏指导评价》等多本现代教育理论书籍，不断用先进的教育理论指导游戏活动的开展、课题的研究，并不断把对课题研究的反思、对开展游戏活动的经验上升为理论的思考，写成论文，或发表，或参加各级大赛评比，均取得了较好的成绩。其中，发表于《广东教学报》期刊2篇；获国家级论文评选一等奖2篇；获广东省论文评奖二等奖3篇，三等奖3篇；获东莞市微课征集评选三等奖1个；获东莞市高埗镇游戏案例评选二等奖2篇；获东莞市南城区游戏案例评选二等奖2篇，三等奖1篇；获东莞市南城区论文评选二等奖2篇，三等奖2篇。《让幼儿游戏向更高水平发展》就是课题研究组教师论文的汇编。

5. 课题创新表现

（1）该研究项目以《指南》精神为指导，以为幼儿创设适宜的室内外游戏一体化环境为目标，重点在"一体化"，创新性是把室内外场地创设与游戏组织形式进行整体考虑、统筹开展，在小、中、大班游戏场地规划、师资规划、观察指导规划、游戏水平引领、游戏创设教研、材料整体配置、师资培训标准、后勤服务推进、安全健康监测等方面进行通盘考虑、统一规划，使幼儿在相对独立的区域游戏活动中进行的更具目的性、游戏性、自主性学习，以突出幼儿以游戏为基本活动的教育价值与课程学习的游戏化目标。

（2）项目成果不仅包括研究报告、经验总结、论文集等理论性成果，也有操作手册、案例集、指导用书、现场观摩等实践性成果，能直接应用于愿意为孩子创设适宜的游戏环境的所有幼儿园，多角度支持幼儿园游戏活动的组织和开展，并能有效提高教师室内外游戏环境的建设和游戏的组织指导能力。

（3）以"培训学习+现场教研+跟岗学习+讲座交流"四位一体的指导形式，把"理论学习—活动实践—推广帮扶—交流总结"的整个研究过程贯串起来，形成系统的过程管理，达到事半功倍的效果，不仅惠己，而且推动工作室及区内幼儿园共同进步。

八、课题研究成效

1. 教师队伍整体素质有了明显提高

（1）教师的教育观念及教学方式明显改变。

经过两年多的实践研究，课题组成员的教育观念有了明显转变，从传统以传授和灌输为主，以室内游戏封闭式为主要方式的游戏引导模式中走了出来，注重对幼儿在游戏中的自由性、自主性、愉悦性、创造性，思维及能力的发展培养。对刘焱、华爱华教授的儿童游戏理论，有了更深层次的理解与实践。

（2）提高了教师的教科研能力，促进了教师的专业化发展。

实验证明，在幼儿游戏中实施"户内外游戏一体化创设"的实践研究后，教师在游戏活动中扮演组织者、引导者和合作者，针对幼儿游戏方式上存在的差异，指导各有侧重，照顾到各层次幼儿的需要，促进了幼儿的自主学习、合作学习、探究学习、实践学习、系统学习，改善了游戏的质量结构，幼儿进行游戏的能力及游戏质量有了明显提高。

在实践和研究中，各园的老师积极参与教科研工作，主动学习教育教学理论，钻研游戏活动的指导策略，互相交流经验，形成了良好的教研氛围。通过研究游戏、试验游戏、观摩游戏等，提高教师的教育理论水平，特别是南城石竹幼儿园等园的青年教师，在实践中受益匪浅。2021年1月8日，学员谢建芳被评为南城区教学能手。2020年9月，叶锦霞、谢建芳、刘欢欢、陈瑞欣、杨静五位老师的游戏课例荣获东莞市游戏案例评选二、三等奖。2019年、2020年连续两年我园户内外游戏一体化对园长跟岗班及南城区幼儿园开放展示后，受到了同行姐妹园园长、老师及教育局领导的充分肯定，他们为课题的深入研究提出了建议与意见，期待我园的课题在日后的研究中能不断巩固成果，并在同行中不断推广。

此外，课题组成员利用先进"户内外游戏一体化"的游戏模式及游戏理念和游戏策略所撰写的游戏论文等也取得了不错的成绩。通过课题研究，课题组教师更加明确了自身专业成长的目标，加快了成长的步伐。课题主持人林燕玲经选拔成为东莞市第二批名园长工作室主持人，于2019年1月被聘请为东莞市幼儿教育研究会一日活动组织与安排研究部副部长。

2. 全面提升了幼儿游戏的整体能力和发展水平

通过两年多的课题实践研究，幼儿在游戏能力的各个方面都有了不同程度的提高。

（1）幼儿游戏的内容明显丰富了。

幼儿在游戏中的表现让我们十分惊喜，幼儿的活动内容及情感态度发生了很大的变化。通过全园室内外游戏环境的营建，在空间、时间、材料配置、游戏类别的创设中，引导幼儿在自主、自发、自由的基础上进行游戏活动，帮助幼儿在游戏中促进生活经验的增长，游戏水平和社会交往能力的发展，让游戏活动成为实现幼儿"有意义学习"的课程。幼儿的游戏区域由43%提高到91%，游戏内容的丰富性由45%提高到85%，游戏的兴趣由以前的56%变为92%。这说明在新的游戏模式下，幼儿的游戏能力提高了，游戏兴趣增强了，游戏内容丰富了，幼儿更喜欢来幼儿园了。

（2）幼儿游戏能力得到了充分发展。

通过"幼儿园户内外游戏一体化创设"的推广、实践，各园的课程游戏化得到了充分发展。通过创设适宜的游戏环境，发现幼儿的能力，让游戏从室内走向室外，让幼儿与自然对话，让游戏与幼儿的生活接轨；通过设计，提供幼儿可活动的场地、可操作的材料、环境，让幼儿在操作、探索、体验中主动发展，体现幼儿素质教育、健康教育中的主动性和实践性品质。同时，幼儿在游戏中学习，在游戏中成长，其交往能力、计划能力、创新能力、思维能力等都有了长足发展，幼儿每天更加开心和自主。

九、课题研究的结论

课题组认为：经过两年多的课题研究，我们初步形成了适合本园及工作室成（学）员幼儿园特点的"幼儿园户内外游戏一体化创设"游戏开展模式及游戏指导策略。课题研究期间，我园及工作室的老师们快速改善了教育理念，引导幼儿游戏能力有了较大的提高，从而促进了教师的专业化发展和幼儿游戏学习方式的改善。经课题组老师的实践探索、修正，再实践、总结而编写的《户内外游戏一体化活动案例集》和《户内外游戏一体化创设指导用书》，也有很强的操作性和普适性。相信以上所获得的课题成果，对正在进行学前教育课程游戏化的广大教师有重要的借鉴和指导意义。

课题组认为，"幼儿园户内外游戏一体化创设"是一种课程游戏化的开展模式，更是一种教育理念，引导我们从多个视角看待课程游戏化、幼儿游戏内容的丰富性开发。在探讨的过程中，我们发现意识非常重要，无论空间创设、项目设置、材料投放，应时时提醒自己关注幼儿的游戏状态，多审视和反思这些问题，慢慢地就会形成关注幼儿游戏学习状态的意识，促进我们对幼儿游戏向更高水平发展的认识与实践。

（1）我关注幼儿游戏的背景了吗？（寻找游戏能力及游戏内容的生长点）

（2）我是在引导还是在强迫？（以学为本位、激发思维）

（3）幼儿积极参与提高游戏能力的过程了吗？（动手、动口、动脑）

（4）幼儿玩得有趣、开心吗？（情感，投入度）

（5）游戏活动有新的生成吗？（没有问题的游戏不一定是成功的游戏）

牢记以上几点，坚持对自己的户内外游戏创设行为进行审视、反思和完善，我们幼儿园的课程游戏化进程将会是充满乐趣而且高效的。

十、反思与展望

本课题研究虽然取得了一些成效，但是随着实践的深入，我们又发现了不少问题。比如，如何更加科学地设计户内外游戏一体化当中的空间与游戏内容项目的融合；在"幼儿园户内外游戏一体化"的课题理念指导下的游戏创设与指导中还有哪些更好的实施策略；等等。科学没有止境，探讨永无尽头。

从某种意义上说，现有课题的结题，同时又是新课题的开始，我们将以既有的成果为基础，针对以上问题，加强理论学习，深入进行微观性研究，以期取得更多更有价值的成果。

创思金域华府幼儿园"户内外游戏一体化项目规划与创设"指导手册

"游戏"是幼儿园的基本活动，它是适合幼儿年龄特点的一种有目的、有意识的，通过模仿和想象创设，反映周围现实生活的一种独特的社会活动。游戏特点有：①趣味性；②具体性；③虚幻性；④自由自主性；⑤社会性；⑥操作性。在《指南》中提到，幼儿的学习是以直接经验为基础，在游戏和日常生活中进行的，要珍视游戏和生活的独特价值，创设丰富的教育环境，合理安排一日生活，最大限度地支持与满足幼儿通过直接感知、实际操作和亲身体验获取经验的需要，严禁揠苗助长式的超前教育和强化训练。在游戏活动中，幼儿可以根据自己的兴趣和需要，以快乐和满足为目的，自由选择、自主展开、自发交流，积极主动地活动。在游戏活动中能够满足孩子的个体需要，促进孩子们在自发、自主、自由的活动中发展想象力、创造力、交往合作能力及提升好奇探究的品质；同时充分尊重与保护孩子的好奇心和学习兴趣，帮助孩子养成积极主动、认真专注、不怕困难、敢于探究和尝试、乐于想象和创造等良好的学习品质。我们将从游戏开展的设计思路、游戏项目与研发、游戏开展时间、游戏开展流程、记录与观察等方面介绍室内外游戏的开展。

一、游戏开展的设计思路

开展室内游戏的设计思路：首先考虑安全性与开放性（地面的安全，设施、设备材料的安全和开放性），自然性与教育性，适宜性与挑战性，经济性与艺术性，多样性与因地制宜。

考虑因素：场地合理规划、光照与绿化、幼儿的兴趣、室内与户外的链接和自主性。

二、游戏项目与研发

在2019年之前，创思金域华府幼儿园的户外游戏区只有野炊区（扮家家）、小交警骑车、建构（草地、安吉积木）、打击乐、沙水区、钓鱼、户外写生涂鸦等10个。

从2019年11月开始，在园长的带领下，我们和老师对全园的场地做了考察，根据园所幼儿需要及实际地形，我们决定增设创造性游戏（角色、建构、表演游戏）、规则性游戏（智力、体育、音乐游戏），由原来的10个游戏区域增加到现在的20个，并且对游戏进行了分类。

1. 创造性游戏（角色、建构、表演游戏）

角色：野战、野炊、茶艺、美发、编织、钓鱼、小交警。

建构：草地椅子乐、安吉积木、沙水。

表演：表演区（小班娃娃家）。

2. 规则性游戏（智力、体育、音乐游戏）

智力：棋类、牌类、七巧板、多米乐、拼搭。

体育：大型安吉积木、射箭、火箭弹、投壶、踩高跷、跳竹竿、周四体育户外大循环。

音乐：架子鼓、敲敲乐。

游戏项目已经创设完毕，接下来要引领老师一起参与游戏管理。我们利用每周二教研时间，与班级老师一起对户外游戏的创设、玩法、材料添加进行教研。在教研中，我们有小组教研、实地亲身体验操作；有园长、主任理论培训的游戏环境如何创设、我们为什么做户外游戏、如何有效开展游戏等。在教研中，老师提出问题、解决问题并开展游戏。

三、游戏开展时间

在室内外游戏场地创设后，全园统一游戏时间，中、大班是以角色、建构、表演、体育、音乐为主，小班则以智力、娃娃家为主。在实施游戏的过程中，我们发现随着天气变化，冬季操场风非常大，很多材料都会被风吹飞，小班孩子抗风能力也没那么强，所以把游戏场地调整到了室内。除了每周二、周五正常游戏时间，下午放学前孩子们也可以一边游戏，一边等待放学。孩子们的游戏是多样化、多变化的，园所每周四的全园体能大循环游戏，孩子也可以自主选择、自主挑战。

四、游戏开展流程

为了让孩子们的活动更加有序，提高老师在游戏中的组织能力，我们在组织开展游戏时也做了相关的流程。

（1）组织全班孩子做大计划，告诉孩子们我们班有哪几种项目，每种项目可以去多少人，如果某个项目人满了就要去别的项目，只能下次选择；同时，也可以询问孩子为什么选择这个区。

（2）孩子选好班级对应的每个项目，到达游戏场地后，负责游戏区项目的老师就带领小组的孩子做游戏项目计划，孩子的想法、做什么，如何分工、设计、观察记录员等；老师讲规则、安全等。

（3）老师引导孩子实施计划，要给孩子以正确的引领，把自己当作孩子，和他们一起游戏。老师在游戏中扮演弱者提问题：你想怎么办啊？我不会，你帮帮我吧！你的想法真特别。

（4）总结，就在小组内做总结，引导孩子总结他们的作品、过程、合作、是否完成计划，最后老师给孩子留问题，下次怎么做，可以做什么，大家可以提前观察了解。

（5）和作品拍照合影、分享，收拾整理。

五、记录与观察

幼儿的记录：在游戏中，孩子也有自己的记录表，有数量的记录、绘画记录、设计图的记录、观察员的记录、拍照的记录，为孩子创设自然、变化、探索，可以商讨、表达、互动的环境，让孩子的自我意识能够充分展现，让孩子的思想、学习、经验、愿望在这些记录中——呈现。

教师的观察：我们前期做得最多的就是观察材料和孩子直接的互动，材料是否适合、孩子是否喜欢、材料可以做哪些调整等。教师在游戏中会记录下来，有不感兴趣的材料，我们就告诉游戏项目负责人，负责人会带领小组成员调整、修改，一次一次改变，不断进步。

接下来引领老师观察孩子的游戏能力：①无所事事阶段（玩自己的身体）；②旁观阶段（看人家玩）；③个体游戏阶段（只专注自己的活动，不注意别人在干什么）；④平行游戏阶段（与别人一起玩，但各玩各的，不受其影响、干涉）；⑤联系游戏阶段（一起玩，相互追随，但无组织分工，自己做自己想做的事）；⑥合作游戏阶段（有目的、有组织、有分工地玩）。从六个阶段观察孩子的游戏水平并适时介入和引领，让教师和孩子的游戏水平更上一层楼。

六、游戏带来的收获价值

幼儿：开心、快乐、有成就感、对幼儿园充满好奇、有探究感，玩了还想玩。

教师：游戏环境的创设者、孩子游戏的合作者、孩子需要的反应者、孩子经验的扩展者、孩子发展的评价者。

自我：目标更明确、下一步有了延续（游戏常态化）。

在孩子的生活和游戏中，教师要敏感地觉察到"教"的可能性和必要性，不失时机地介入幼儿的游戏并加以适当的引导和扩展，丰富幼儿的游戏经验，提升幼儿的游戏能力。在游戏实践过程中，我们要积累经验、借鉴吸收、改进办法、丰富材料内容，让孩子有无限的"孩子的游戏"玩，而不是玩"老师的游戏"。

户内外游戏活动案例

我的幼儿园

游戏主题	我的幼儿园		
记录人	黄文祺	记录时间	2021年5月
游戏背景	在一次学习活动中，三个女孩对自己的幼儿园非常感兴趣，对幼儿园里面的各种设施、教室都非常熟悉，还说"觉得幼儿园像城堡一样"。在户外玩乐高的时候，这三个女孩就用乐高拼搭了自己的幼儿园		
游戏过程	孩子们刚来到乐高墙时很兴奋，她们三个被分到了同一面墙上。只见一茉和琳希马上坐了下来，从盒子里拿出积木就开始拼搭，沁桐则一直在盒子里挑挑这个拿拿那个，脸上还露出不知所措的表情。我刚想过去询问她是否需要帮助时，只见琳希扭头大声地跟我说："我想拼一个幼儿园，老师你可不可以来帮我一下？"沁桐听了马上说："我会，我会。"看着沁桐一脸兴奋的表情，我对琳希说："让沁桐来帮你吧，她搭乐高可厉害了，你们一定会把幼儿园建得很漂亮的。"于是她们两个从盒子里拿出了很多长方形的积木作为地基，把积木一个一个地平铺、垒高。一茉看见了对她们说："我这有一个房子哦，我也想来搭幼儿园，我可以把房子都给你们。"后来她们三个就把一茉拼的房子也拼搭进了幼儿园。她们把房子装进去后不知道下一步该怎么办了，都坐在旁边盯着拼搭的积木，这时我走过去对她们说："可以去中厅抬头看看我们的幼儿园哦。"她们听了马上跑过去，边看边说："你看，幼儿园那边的房子还有屋顶呢！""幼儿园好大好大，我们需要更多的房子。"看完回来后，她们搭房顶、拼大房子、拼高房子，用一个个积木发挥着她们的想象力。最后，她们把积木组合在了一起，只听一茉说："我们的幼儿园也太好看了吧。"琳希说："我们把它拿起来给老师看看吧。"

续表

游戏主题	我的幼儿园		
记录人	黄文祺	记录时间	2021年5月
行为解读	孩子们对见过的、体验过的、喜欢的、感兴趣的事物的印象都会特别深刻，而且也愿意用拼搭的方式把它表现出来。而在拼搭的过程中，孩子之间有了更进一步的交流，这样也能提升孩子的想象力，并且让孩子在无形中学会分工合作，有了初步的合作意识		
教师支持	幼儿在游戏中遇到什么困难，自己想不出来办法时会请求好朋友或老师的帮助，老师会和他一起想办法解决。通过对幼儿建构游戏的记录与分析可以看到，孩子们有了很大的改变。从最初的不会拼、不会合作到后面的主动分工合作和发挥自己的想象力、创造力，孩子们的交往能力、想象能力、合作能力以及创造力都有了很大的提高。让我们更加清楚地认识到建构游戏对小班幼儿发展的重要性		
游戏亮点	本次游戏的亮点在于，在整个拼搭游戏中，幼儿能体验合作搭建、共同解决问题的乐趣，感受成功的喜悦，在游戏中加深了对自己幼儿园的热爱		

东莞茶楼

游戏主题	东莞茶楼		
记录人	冯春喜	记录时间	2020年9月
游戏背景	在区域活动前，幼儿在班上看了关于茶楼的视频，看完视频后几个幼儿在讨论自己去茶楼的经验。分好工后，幼儿在东莞茶楼进行区域活动		
游戏过程	在区域活动中，博文拿着菜单问扮演顾客的幼儿：你们看看想吃点什么？然后他拿起笔帮顾客们下单，还跟他们说：你们的菜还要等一会儿哦！下好了单，他把碗和勺子帮顾客摆整齐后，才到厨房里炒菜，炒完了菜用托盘把菜端出去。两位小顾客也假装在吃，说"这个菜真好吃"，吃完了还问服务员多少钱，给了钱就假装走出了茶楼		
行为解读	在这个活动中，幼儿自己分配任务，很熟悉餐厅的人物言行，幼儿互相帮助、互相配合，有助于幼儿的社会交往，让幼儿体会到在活动中合作的重要性		
教师支持	在这个活动中，幼儿是以自主活动的形式进行游戏，通过相互交往、相互合作、共同商讨，提高了他们处理问题和解决问题的能力，有效地促进了他们个性的发展		

长长的河流

游戏主题	长长的河流		
记录人	黎晓玲	记录时间	2021年9月
游戏背景	在一次主题活动中，几个幼儿在分享自己见过的河流，并讨论河流长度、水的清晰度等相关问题。在户外游戏时，这几个幼儿在沙池区玩起了建筑河流的游戏		
游戏过程	在沙池游戏中，善恒想要做河流，可是没有材料，就向老师求助。我让孩子们动动自己的小脑袋，可以找什么东西来代替呢？甜甜说用管子接水，这样河流就有水了。我让他们去寻找想要的材料。孩子们在这次游戏中玩得特别起劲		
行为解读	孩子们的活动其实就是他们生活的反映。夏天到了，许多孩子都去过沙滩，玩过沙子。有了生活经验后，在活动中也生成了这样的游戏，因为是孩子自己想出来的，又是自己解决问题，所以玩得特别开心		
教师支持	在游戏交流中，鼓励幼儿，告诉幼儿在游戏中有什么需求可以自己先动脑，自己想不出来再请求好朋友或老师帮助，老师会和他一起想办法解决的。通过对幼儿游戏的记录与分析可以看到，孩子们有了很大的改变。从最初的不会到后面的主动协商，并自己设计游戏情节，孩子们的交往能力、想象能力、分享能力以及创造力都有了很大的提高。让我们更加清楚地认识到角色游戏对大班幼儿发展的重要性		
游戏亮点	本次游戏的亮点在于，整个游戏过程都是幼儿自主、自发地开展，在游戏过程中遇到问题时幼儿一起解决		

我们的火箭飞船

游戏主题	我们的火箭飞船		
记录人	黄奕梅	记录时间	2019年6月
游戏背景	在一次户外游戏中，小苹果、靖然和景轩三个小朋友都自主选择了搭积木这个游戏		
游戏过程	一开始，他们都是各搭各的，后来景轩说：靖然，我们一起来搭个火箭吧！他们两人就合作了起来。小苹果想加入他们一起玩，但是景轩和靖然都说：不可以！小苹果就来找老师了		
行为解读	火箭是孩子们平时接触比较少的，在这个游戏过程中，靖然和景轩的搭建能力比较好，能玩到一起，小苹果的能力稍微弱一些，所以融不进去		
教师支持	根据《3—6岁儿童学习与发展指南》，就中班来说，幼儿喜欢和同伴一起玩，有经常一起玩的伙伴。靖然和景轩经常在一起玩耍，形影不离，老师询问原因时，景轩和靖然都说：小苹果不会搭，她只会乱搭！小苹果的发展比较缓慢，我们要尊重个体差异。师：我们中二班是一个友爱的家庭，大家要互相帮助，你们搭得这么厉害，那你们教一下她，她不就会了嘛！后来三个小朋友友好相处，一起搭出了一个大火箭。老师应该教会小朋友跟同伴沟通，以后遇到这种情况才能用自己的方法和伙伴交流		
游戏亮点	本次游戏的亮点在于，整个游戏过程都是幼儿自主、自发地开展，在游戏过程中遇到问题时幼儿一起解决		

我要当报幕员

游戏主题	我要当报幕员		
记录人	林水花	记录时间	2019年6月
游戏背景	孩子对舞台表演有了一定的经验，知道表演节目需要化妆、换衣服、使用道具等。他们在游戏前进行了讨论，有了自己的想法。在户外表演前，几个孩子对于谁来当报幕员进行了讨论		
游戏过程	活动开始了，老师将话筒递给舞台总监，让她为孩子们安排工作。舞台总监怡涵说："我要一个报幕员，谁来？"这时孩子们都争着当报幕员，大家都把手举得高高的。熹俞说："我要当报幕员！"东东说："我也要当报幕员！"怡涵不知道要怎么办了！台下"我也要""我也要"的声音此起彼伏，熹俞和东东争得最激烈，谁也不让谁。这时老师选择了等待，想看看孩子们能不能自己解决。时间一分一秒地过去了，老师说："时间都过去好一会儿了，角色再不定下来，今天的游戏可就玩不了了！"只见熹俞和东东你看看我，我看看你，东东先开口了："今天你来当吧，下次我再当！"老师赞许地看了看东东，大家开心地笑了		
行为解读	孩子们喜欢表现自我，在选择角色时比较喜欢选择人数相对少、表现机会更多的角色，他们认为这样的角色才更能表现自我。从开始两个孩子互不相让到后来一方妥协，孩子们知道了集体的重要性，能够以大局为重，为了游戏的开展愿意牺牲自己的意愿，主动提出让对方先来，体现出先人后己的精神。同时，遇到问题孩子们不是一味地争执，而是能够控制自己的意愿，以集体活动的开展为目标，有了一定的责任意识。幼儿独立解决问题的能力也得到了提升。幼儿在与同伴交往中能友好地解决问题，具有自主性，能关心他人		
教师支持	游戏中，教师在幼儿出现争执时选择了等待，没有立刻介入，让孩子有更多的时间和空间自己解决问题。孩子们在争论中没有意识到时间的流逝，老师及时地提醒，让孩子们有了一定的责任意识，知道节目快开始了，于是一方选择退让解决了问题。老师赞许的眼神是对孩子行为的肯定和表扬，让孩子知道自己的做法是正确的，对孩子来说是一种鼓励，让孩子更有信心做好事情		

续表

游戏主题	我要当报幕员		
记录人	林水花	记录时间	2019年6月
游戏亮点	本次游戏的亮点在于，孩子们在整个游戏过程中都是自主、自发地开展，在游戏过程中遇到问题孩子们一起解决。小伙伴之间有了矛盾能够自己沟通化解		

小小特种兵

游戏主题	小小特种兵		
记录人	莫惠婷	记录时间	2019年12月
游戏背景	在一次餐后活动中，几个孩子讨论起特种兵电视剧里的情节。在户外游戏时，这几个孩子在野战区玩起了打野战的游戏		
游戏过程	游戏前准备。"皓宸，我们一起搬过去吧！""你的手拿在下面一点，要不然会痛的，看，像我这样拿！""我们慢一点哦，累了就休息一下！"孩子们已能协作一致，像小蚂蚁一样熟练地搬运游戏器材与道具，并且能通过语言提示同伴。 防御墙的搭建。利用轮胎、空心积木、转筒等物体搭建掩体，并试着躲在里面检查是否牢固、安全。 双方对战。黄、蓝两队激烈对战，高空投掷炸弹球、躲避、隐藏、攻击、防守、补充弹药等，俨然一副野战兵的架势。昊昊看见敌人的炮火轰炸过来，立马蹲下，躲进战壕，等待对方火力减小后，再偷偷露出半个身子，伺机出动偷袭对方。凯杰躲在空心积木搭的防御墙后面，不紧不慢地向外投掷炸弹。他的弹药库火药充足，却没有火力全开，而是在等待敌方没有炸药后，再进行反攻		
行为解读	在户外活动中，老师发现小朋友不畏困难，敢于直面自己的困难，一次次发起挑战。坚持要求独自一人完成翻越的挑战，每一次失败都去思考总结原因，"我这次手没有搂紧，有点滑。""刚才脚踩错位置了。""哈哈，莫老师，我刚才自己蹬得太用力，把自己甩出去啦！"……坚持不懈的挑战精神值得学习。大家为你竖起大拇指		

续表

游戏主题	小小特种兵		
记录人	莫惠婷	记录时间	2019年12月
教师支持	每次的困难挑战都是在锻炼你的体魄，强化你的意识。在课间活动中与大家分享沐芸多次挑战翻越的"战绩"，大家一同体验到了不断尝试最后挑战成功的喜悦。希望轩轩也多多鼓励经常中途放弃的小伙伴，和他们同行，增进彼此的友谊和团队合作意识		
游戏亮点	本次游戏的亮点在于，整个游戏过程都是幼儿自主、自发地开展，在游戏过程中遇到问题时幼儿一起解决		

乐高汽车大比拼

游戏主题	乐高汽车大比拼		
记录人	李麦	记录时间	2021年5月
游戏背景	在一次餐后活动中，几个孩子在一起分享自己平时最喜欢的车，讨论车子常出现在哪些地方，车子的作用是什么，讨论得津津有味。所以在户外乐高区我打算让他们自己动手设计一场汽车大秀		
游戏过程	在乐高的搭建游戏中，正则想要在墙上搭建一个停车场，他走过来和我说："老师，我很想拼搭出一个大大的停车场和很多很多不一样的汽车，可是我的乐高没有那么多，怎么办呀？"于是我对他说："你可以尝试着和旁边的小朋友谈谈哟，说不定他们会喜欢和你合作呢。"于是他对旁边的小朋友说："我们可以一起搭汽车吗？这样汽车会越来越多，而且我们可以拼很多不一样的汽车。"之后他就和灏灏两人合作拿红色的积木先去拼搭停车场，周围有几个小朋友看见了都觉得好奇，也加入了他们的游戏中，所以停车场越来越大，车子的造型也越来越多样。在这次游戏中，孩子们都特别开心		
行为解读	孩子们平时见过的车子非常多样，也有自己特别喜欢的车型，有的还尝试和爸爸妈妈一起搭过。有了前期的经验，所以在活动中生成了这样的游戏。因为活动是孩子自己想出来的，又是自己动手的，所以他们玩得特别开心		
教师支持	在游戏交流中，鼓励幼儿，告诉幼儿在游戏中有什么需求可以寻求伙伴或老师帮助，老师会和他一起想办法解决。通过对幼儿智力游戏的记录与分析可以看出，孩子们有了很大的改变。从最初的独自拼搭到后面的主动合作，并且自己设计，可见孩子们的交往能力、想象能力、分享能力以及创造力都有了很大的提高。让我们更加清楚地认识到智力游戏对小班幼儿发展的重要性		
游戏亮点	本次游戏的亮点在于，整个游戏过程都是幼儿自主、自发地开展，而且幼儿的创造能力也得到了发展，在游戏过程中遇到问题时幼儿一起解决		

弹吉他

游戏主题	弹吉他		
记录人	黄庆欢	记录时间	2021年7月7日
游戏背景	在一次幼儿户外游戏时，孩子们听到路边传来弹吉他的声音，他们开始聊天，谈论爸爸会弹吉他，还看过和听过别人弹吉他等。在户外活动时，这几个孩子弹起了吉他		
游戏过程	在弹奏时间，他们拿起吉他弹奏。弘义过来跟我说："老师，有一根弦松了，我弹不出来声音。"我看到后，便帮他把弦绑紧了，他们一根一根地拨动弦，传来一声声悦耳的声音。博恩说："爸爸告诉我，这根弦代表'哆'，就是数字中的'1'；这根弦代表'来'，是'2'；这根弦……"博恩说完后，弘义就说："我知道了，原来是这样啊，我们一起从'哆'开始弹一遍吧。"整个音乐厅传来了吉他悦耳的声音		
行为解读	孩子们生成的活动其实就是他们生活的反映，他们的家庭和社会环境会增加他们的新认识，他们听爸爸或其他人弹过，所以有了生活经验，在活动中就生成了这样的游戏。因为活动是孩子自己想出来的，又是自己参与其中的，所以他们玩得特别开心		
教师支持	在游戏交流中，表扬博恩告诉其他小朋友吉他的弦名，大家一起弹奏美妙的音乐，弘义有问题也会主动找老师帮助。由此可以看出，他们从最开始的不会到后面弹奏美妙的旋律，了解了吉他。中班幼儿的好奇心很大，但专注力还不够		
游戏亮点	本次游戏的亮点在于，整个游戏过程都是幼儿自主、自发地开展。在游戏过程中幼儿互相学习，对吉他产生了极大的兴趣		

玩具分享

游戏主题	玩具分享		
记录人	李小芬	记录时间	2019年5月
游戏背景	在一次户外游戏活动中，几个孩子互相分享自己带来的玩具，有的自己玩着车，有的和好朋友围坐在一起玩过家家的游戏		
游戏过程	在分享玩具游戏中，我看到宇轩坐在垫子上，没有和其他伙伴坐在一起，也没有拿玩具，看上去眼睛红红的，眼泪也在眼眶里打转。我走过去问他："宇轩，你怎么啦？玩具车呢？"他指着泰乐手上的小车，说了一句："我的。"说完哇的一声哭了起来，"那是我的车！泰乐拿走了。"泰乐连忙解释道："我给他我的奥特曼玩了，我们是交换玩的。"原来是泰乐想和他交换，但是宇轩胆子小，既没有同意也没有反对，泰乐以为他同意了，便拿了自己的玩具给他，而拿走了他的玩具		
行为解读	小班的幼儿非常以自我为中心，什么东西都是自己一个人独享，当有人拿了本来属于他的东西却没有得到他的同意时，他就会不高兴，这是非常正常的现象。但是，老师请幼儿把玩具从家里带来，放在幼儿园，目的就是要让幼儿和大家一起分享，从而加深幼儿之间的交流		
教师支持	在玩具分享交流中，幼儿在游戏中遇到什么困难，自己想不出来办法时会请求好朋友或老师帮忙，老师会和他一起想办法解决。通过对幼儿游戏的记录与分析可以看出，孩子们有了很大的改变。孩子们的交往能力、想象能力、合作能力以及创造力都有了很大的提高，也让我们更加清楚地认识到游戏对小班幼儿发展的重要性		
游戏亮点	本次游戏的亮点在于，整个游戏过程都是幼儿自主、自发地开展，在游戏过程中遇到问题时幼儿一起解决。幼儿能和同伴分享自己喜欢的东西，感受和同伴共同游戏的快乐，体验分享的乐趣		

编织的乐趣

游戏主题	编织的乐趣		
记录人	姚秋平	记录时间	2021年5月
游戏背景	编织是我国一门古老的传统工艺，一根红绳三缠两绕，一种祝福就编结而成。幼儿学习编织，可以促进大脑发育，激发观察力、想象力、创造力及审美能力，特别有利于手脑的协调配合。编织是具有创造性的活动，幼儿通过了解编织，多元智能得到发展。活动中需要幼儿不断思考、想象，其思维、想象力、创造力也得到了开发。同时在编织活动中，需要幼儿之间有一定的合作、互动，有利于培养幼儿的团结协作，也有利于培养幼儿做事耐心、细致、专注等良好的品质		
游戏过程	进入编织区，梓桐选择了穿手链的工作，穿得非常快，但是拿起来就会发现没有层次，且有些松松垮垮，看不出手链的样子。梓桐很苦恼，开始不耐烦，随手把皮筋扔到了一边。我走到跟前，询问怎么了，梓桐告诉我她穿得不好看，和妈妈手上戴的不一样，而且系不上。于是我拿了几条皮筋慢慢地穿了起来，穿好后放在了桌上，问她："老师穿得好不好，你觉得你自己穿的哪里出了问题？"梓桐认真地对比着两串手链，看了我一眼，将自己的拆了重新穿。这次小手链穿好了，很整齐、很规则的样子。打结时她再次遇到了难题，我又引导她打了个单扣。她把手链穿好后开心极了		
行为解读	中班的幼儿没有穿手链的生活经验，因此缺少自己动手的操作能力。但是，幼儿因为在生活中见过家长的手链，有了爱美之心和好奇心，在自己穿的过程中遇到了困难，表现得烦躁，说明她的游戏持久力和耐心不够，需要教师适当地引导		
教师支持	作为教师，我先示范，让幼儿在观看中自己寻找问题，动脑解决问题，教师不用语言去讲解，锻炼幼儿的观察能力和分析能力。督促幼儿耐心地去做，大胆勇敢，调动生活原有的经验，展现自己，恰当适时地帮助幼儿，并给予鼓励、激励、表扬，增强幼儿的自信心		

游戏主题	编织的乐趣		
记录人	姚秋平	记录时间	2021年5月
游戏亮点	在编织区，中班可以玩的材料较多。在编织活动中，首先，我们多维度地提供各种不同的编织材料，供孩子们自主选择。"多维度"三个字，即为幼儿各种活动内容提供各种材料，尽量显示多种特性，如丰富性、层次性、兴趣性、鲜艳性、安全性。我们要注意提供足够的材料让幼儿在其中快乐地活动，包括不同活动内容不同材料和同一活动内容多种材料。同时要及时适时地帮助、提醒幼儿，督促他们要有耐心、恒心，培养他们良好的性格品质		

棋牌游戏区

游戏主题	棋牌游戏区		
记录人	杨洛玉	记录时间	2021年5月
游戏背景	班上有些孩子在外面报了围棋兴趣班，近期对围棋比较感兴趣，所以在棋牌游戏区，老师添置了围棋，让孩子们相互影响、相互学习、共同进步		
游戏过程	今天在户外游戏区，开始是贤贤和小乐乐下，贤贤玩了两盘就转去玩其他游戏了，小乐乐还在那儿坐着不动。后来小宇过来了，和小乐乐说："我和你一起玩吧！"他们两个就玩了起来。在棋艺对决的过程中，很明显，小宇频频逃窜，小乐乐步步为赢，但小宇还是很有耐心的，刚开始并没有因为输了就有情绪，直到最后，小宇的棋都被小乐乐吃掉了，才突然不高兴		
行为解读	孩子们的游戏不像成人，每个孩子的心理承受能力以及思维模式不同，就像小宇一样，虽然他的棋子频频被吃掉，但他总觉得自己还有棋子，换一条路再走，反正还没有输，直到最后，发现自己已经没有棋子了，已经输了，这才忽然觉得承受不住，而且输给了一个女孩子。本来他上了围棋班，忽然就闹情绪跟妈妈说不要上了，不想学围棋了。孩子就用这样的一种方式选择逃避和退缩，隐藏心中的难过		
教师支持	老师了解到此事，就和妈妈做了细节沟通，将孩子在园所发生的事情告诉了妈妈，建议妈妈和老师一起帮孩子调整心态，鼓励孩子继续上围棋课。妈妈表示认同老师的观点。和妈妈沟通后，老师又找小宇单独沟通，让小宇知道自己为什么输给了小乐乐，并鼓励小宇只要坚持上围棋课，一段时间后，再跟小乐乐下棋，就有可能赢过对方。最后小宇平复了情绪，同意继续上围棋课		

续表

游戏主题	棋牌游戏区		
记录人	杨涴玉	记录时间	2021年5月
游戏亮点	在小宇和小乐乐下棋的过程中，小乐乐棋艺比较高，对方下一步她就围一步，慢慢地将对方的棋子吃掉，而被吃掉棋子的小宇，总是处于没有反应过来的状态，所以最后输给了对方。小乐乐已经在校外机构学了一年围棋，而且平日在家经常和哥哥下围棋，所以小乐乐的棋艺比较高		

户外游戏活动观察记录表

幼儿户外游戏活动观察记录表：乙茗

观察时间	2021年2月16日	观察地点	中厅
观察对象	乙茗	年龄	5.5岁
儿童行为表现与分析	乙茗在搭建游戏中遇到搭建不稳、倒塌的问题，"我这个地方放不稳，会倒。"乙茗找到四个圆柱体纸筒，"这是圆柱，合在一起就可以稳稳地支撑起来了。"他利用了四个相同的圆筒，用两两组合的形式将小屋子进行加固，最后成功将房屋拼搭得更高、建构得更丰富		
反思与调整	1.在活动中，结合大班幼儿的特征，鼓励幼儿以合作的方式进行游戏。 2.幼儿在游戏中能集中注意力完成自己的工作，遇到困难时能想办法解决。 3.为幼儿提供一些有趣的探究工具，用自己的好奇心和探究性感染、带动幼儿		

幼儿户外游戏活动观察记录表：悦浠、昕昕

观察时间	2020年10月21日	观察地点	户外操场
观察对象	悦浠、昕昕	年龄	3～3.5岁
儿童行为表现与分析	悦浠和昕昕选择了交通路线图。游戏开始，悦浠没有马上投入工作，她看了一会儿路线图，对昕昕说："你看，有很多路标，这些都在这个图中，我们把车子放哪里？"昕昕说："这个红绿灯要放在路口，因为我和爸爸妈妈一起出去的时候，都看到这个红绿灯在路口。" 悦浠："那这个弯弯的呢？" 昕昕："这个啊，我也不知道，我们问问汪老师吧！"		
反思与调整	1. 游戏是幼儿的天性，它伴随着幼儿的成长，游戏反映发展，游戏巩固发展，游戏促进发展，"幼儿的学习以直接经验为基础"。 2. 多给幼儿提供倾听和交谈的机会，如经常和幼儿一起谈论他们感兴趣的话题，或一起看图书、讲故事。 3. 为幼儿创造说话的机会，体验语言交往的乐趣，如鼓励和支持幼儿与同伴一起玩耍、交谈，相互讲述见闻、趣事或看过的图书		

幼儿户外游戏活动观察记录表：依然、苗睿、昶好

观察时间	2021年1月13日	观察地点	户外活动
观察对象	依然、苗睿、昶好	年龄	5.5岁
儿童行为表现与分析	在民间游戏活动中，孩子自由组织进行滚铁环比赛，每人一条跑道，跑道有起始线，也有终止线。孩子自发分配任务，依然当裁判，其他小朋友当选手。当裁判说准备的时候，选手用钩子勾住铁环的中心，数到3的时候开始比赛		
反思与调整	1. 教师利用多种活动来发展孩子的协调能力和灵活性，在活动中，孩子们了解了规则的意义，能与同伴协商制定游戏和活动的规则，有明确的角色意识。 2. 运用幼儿喜闻乐见和能理解的方式激发幼儿爱家乡、爱祖国的情感，如向幼儿介绍反映中国人聪明才智的发明和创造，激发幼儿的民族自豪感		

幼儿户外游戏活动观察记录表：翊骞、弘宇

观察时间	2021年1月8日	观察地点	二楼平台
观察对象	翊骞、弘宇	年龄	5.5岁
儿童行为表现与分析	刚到二楼平台的时候，他们两人就在私底下讨论，等一下选择什么游戏，是泡沫积木，还是木积木？最终他们选择了泡沫积木。翊骞用泡沫积木拼搭了一栋房子，还在房子外面铺设了马路。弘宇用泡沫积木拼搭出一辆有电话的创意车		
反思与调整	1. 在生活中，成人应多引导幼儿去观察生活中的事物，在游戏拼搭时鼓励幼儿发挥想象力，大胆拼出自己想要表达的事物、图形，如小房子、大汽车、大卡车、手机等。 2. 帮助幼儿回顾自己的探究过程，回想自己做了什么，怎么做的，结果与计划目标是否一致，分析原因并明确下一步要怎样做等		

幼儿户外游戏活动观察记录表：心心、思珩

观察时间	2021年1月8日	观察地点	一楼莞香楼
观察对象	心心、思珩	年龄	5岁
儿童行为表现与分析	在角色扮演游戏开始前，两位小朋友看了有关茶楼的一些视频，观察了茶楼老板、员工、厨师的工作。她们在这个游戏中选择扮演顾客，进入茶楼后，她们自己拿着餐牌点了一份包子、一份鸡腿、一块蛋糕，模仿视频里的人使用刀叉，边用餐边聊天		
反思与调整	1. 幼儿在这个活动中体会到了角色表演的快乐，在表演中运用了语调、表情，还有动作，表现角色的形象和情绪，这对发展幼儿的语言及表演才能具有重要的作用。 　　2. 结合社会生活实际，帮助幼儿了解基本行为规则或其他游戏规则，体会规则的重要性，学习自觉遵守规则，如经常和幼儿玩带有规则的游戏，共同遵守约定的游戏规则		

幼儿户外游戏活动观察记录表：楷峰、冠乔、启源、俊熙

观察时间	2018年11月20日	观察地点	三楼菜园烧烤区
观察对象	楷峰、冠乔、启源、俊熙	年龄	4.5~5岁
儿童行为表现与分析	楷峰、冠乔、启源、俊熙选择进入烧烤区游戏，四个幼儿进区前进行了角色分配，分工明确并且清楚各自的职位、职责。在游戏过程中，扮演不同角色的幼儿能根据自己已有的生活经验进行对话，如"服务员，点菜""顾客，你好，菜好了""请慢用"等		
反思与调整	1. 创造交往的机会，让幼儿体会交往的乐趣，如利用走亲戚、到朋友家做客或客人来访的场景，鼓励幼儿与他人接触和交谈。 2. 当幼儿不知怎样加入同伴的游戏或提出的请求不被接受时，建议他拿出玩具邀请大家一起玩，或者扮成某个角色加入同伴的游戏		

幼儿户外游戏活动观察记录表：悦苹、靖然、景轩

观察时间	2020年11月15日	观察地点	松散材料区
观察对象	悦苹、靖然、景轩	年龄	4～5岁
儿童行为表现与分析	\multicolumn{3}{l}{　　松散材料游戏区中，三个幼儿都选择了积木游戏，一开始，三个幼儿独自拼搭自己的作品。景轩对靖然说："靖然，我们一起来搭火箭吧！"两个幼儿开始合作完成作品。悦苹说："我也想和你们一起搭火箭。"但是景轩和靖然说："不可以！"悦苹找老师寻求帮助}
反思与调整	\multicolumn{3}{l}{　　1. 与同伴发生冲突时，能在他人的帮助下和平解决，当悦苹想要加入时，景轩和靖然不同意，老师询问后发现，他们不让悦苹加入的原因是担心她不会搭，把火箭弄坏，经过老师的引导，他们同意和悦苹一起玩，并且一起将火箭搭好。 　　2. 结合具体情境，指导幼儿学习交往的基本规则和技能，如当幼儿不知怎样加入同伴的游戏或提出的请求不被接受时，建议他拿出玩具邀请大家一起玩，或者扮成某个角色加入同伴的游戏}

幼儿户外游戏活动观察记录表：涵雨、筠霏、未晞

观察时间	2020年12月8日	观察地点	松散材料区
观察对象	涵雨、筠霏、未晞	年龄	4~5岁
儿童行为表现与分析	在松散材料游戏区中，涵雨、筠霏和未晞同时选择了彩色火柴棍，涵雨用彩色火柴棍摆出了一个爱心，未晞用小圆木和火柴棍搭了三个小人，筠霏搭了一间城堡，并打算拿笔记录下来，涵雨和未晞也想记录，但是在记录的时候三位小朋友都想要一整盒笔，于是争执了起来		
反思与调整	1. 在游戏过程中，三个幼儿能按照自己的想法进行游戏，但在遇到大家都喜欢的东西时就起了冲突，经过老师的引导，能很快和好并继续游戏。 2. 创造条件让幼儿接触多种艺术形式和作品。例如，带幼儿参观或共同参与传统民间艺术和地方民俗文化活动，如皮影戏、剪纸和捏面人等。 3. 创造交往的机会，让幼儿体会交往的乐趣，如多为幼儿提供自由交往和游戏的机会，鼓励他们自主选择、自由结伴开展游戏		

幼儿户外游戏活动观察记录表：皓维、俊杰、乙茗

观察时间	2021年1月14日	观察地点	民间游戏区
观察对象	皓维、俊杰、乙茗	年龄	5~6岁
儿童行为表现与分析	在民间游戏区，三个幼儿商量后，决定以比赛的方式进行游戏。第一轮比赛，俊杰的陀螺第一个停下了，他说："怎么回事，你们的陀螺太大了，把我的都撞倒了。"第二轮比赛，俊杰和乙茗的陀螺先后停下，皓维的陀螺最后一个停下，他说："你们看，我的陀螺还在转，我要赢了哦！"面对输赢，三个幼儿没有发生争执、分歧		
反思与调整	1. 大班幼儿能够自发地进行游戏比赛，通过比赛的形式激发他们的兴趣，让每个人都有积极的情感体验。 2. 在社会交往方面，他们能友好地进行沟通、玩耍。 3. 在语言表达方面，他们能清楚地表达自己的想法。 4. 对于游戏的科学性还可以鼓励幼儿继续进行探索，如陀螺在光滑地板与粗糙地板上旋转会有什么不同		

幼儿户外游戏活动观察记录表：程希、宣诺

观察时间	2020年9月18日	观察地点	户外草地
观察对象	程希、宣诺	年龄	3~4岁
儿童行为表现与分析			最初，程希拿着挖掘机玩，玩了一会儿后，被旁边宣诺的玩具车吸引了。宣诺将自己的玩具车开到程希的脚边，看了看她的挖土机，并用玩具车撞了一下挖土机，老师询问："宣诺，你要不要跟程希交换玩具车？"宣诺说："好啊！"程希主动把挖掘机递给宣诺，她们相互交换玩具，并介绍自己的玩具车"挖土机这样开"
反思与调整			1. 小班幼儿在游戏过程中还处于个体游戏或平行游戏交叠的阶段，能意识到别人在做什么，但还不会主动询问或对游戏提出想法，教师适当的引导、鼓励可以促进幼儿进行游戏。 2. 当幼儿不知怎么加入同伴的游戏或提出的请求不被接受时，建议他拿出玩具邀请大家一起玩

幼儿户外游戏活动观察记录表：诗涵、羽彤、若琪

观察时间	2020年10月23日	观察地点	户外野战区
观察对象	诗涵、羽彤、若琪	年龄	4岁
儿童行为表现与分析	诗涵、羽彤、若琪一起选择了野战区，并组成一组。游戏中，诗涵在"敌人"营地发现被打倒的羽彤，立即回到营地对若琪说："我们一起去救羽彤。"诗涵与若琪潜入"敌人"的营地，结果被"敌人"发现、打倒，最后三个人都被"敌人"消灭了		
反思与调整	1. 游戏中看到队友被打倒，想办法找组员一起去营救队友，说明幼儿有团队意识。 　　2. 被"敌人"消灭后倒下仍愉快地继续游戏，游戏规则意识较好，能用较好的心态面对输赢。 　　3. 发展幼儿动作的协调性和灵活性，如鼓励幼儿进行跑跳、钻爬、攀登、投掷、拍球等活动		

幼儿户外游戏活动观察记录表：若彤、雪儿

观察时间	2021年3月8日	观察地点	户外野战区
观察对象	若彤、雪儿	年龄	4岁
儿童行为表现与分析	在户外野战区中，若彤跟雪儿自行组成一组。 若彤："雪儿快点，我们先找个地方躲起来。" 雪儿："来不及了，我们先举起枪保护自己吧！看到敌人我们就开枪！" 两个人围着滑梯跑，看到"敌人"，雪儿马上将枪口对准"敌人"。 雪儿："若彤，我打中了一个'敌人'，你快到我身后帮我看看他的队友在哪里？" 在游戏中，若彤与雪儿一起消灭了三个"敌人"。		
反思与调整	1. 在野战游戏中，若彤的提议没有得到同伴的认可，在后面的游戏中表现得并不是特别开心，但是为了小组共同的荣誉，仍然与同伴继续游戏，可见大班幼儿集体意识比较强。 2. 经常带幼儿接触不同的人，多和不熟悉的幼儿玩，使幼儿较快适应新的人际关系，也可适当增加游戏难度，让游戏具有挑战性，提高幼儿团队合作的意识。 3. 结合具体情境，指导幼儿学习交往的基本规则和技能，如当幼儿与同伴发生矛盾和冲突时，指导他尝试用协商、交换、轮流玩、合作等方式处理冲突		

幼儿户外游戏活动观察记录表：沐沄、诺熙、彤彤

观察时间	2020年12月18日	观察地点	户外野战区
观察对象	沐沄、诺熙、彤彤	年龄	4岁
儿童行为表现与分析	在户外野战区，沐沄、诺熙和彤彤组成一组，三个人以防守的方式在自己的营地周围巡逻，男孩战队入侵了她们的营地，彤彤第一个冲出去追赶"敌人"，结果不慎被击倒，诺熙看到后对沐沄说："我们偷偷潜过去，我去引开'敌人'，你去救彤彤。"两个人进入男孩子营地，沐沄成功救出了队友，诺熙也消灭了一个"敌人"		
反思与调整	1. 在游戏中，沐沄看到躺在地上的幼儿知道绕开走，在追赶过程中能避让，有一定的安全意识。 2. 遇到问题懂得想办法解决，诺熙在游戏中除了协商，还懂得分工，已达到了合作游戏阶段。 3. 结合社会生活实际，帮助幼儿了解基本行为规则或其他游戏规则，让他们体会到规则的重要性，学习自觉遵守规则，如在幼儿园的区域活动中创设情境，让幼儿体会没有规则带来的不便，鼓励他们通过讨论制定规则并自觉遵守		

第二篇

幼儿园户内外建构游戏一体化创设实践研究

子课题"幼儿园户内外建构游戏一体化创设实践研究"结题报告

所在单位：东莞市南城石竹幼儿园

课题主持人：张平

课题组成员：张平　曾芳芬　黄丽滢　张凤珠　赵欣美

一、问题提出

《3—6岁儿童学习与发展指南》指出："要珍视游戏和生活的独特价值，创设丰富的教育环境，合理安排一日生活，最大限度地支持和满足幼儿通过直接感知、实际操作和亲身体验获取经验的需要……"可见游戏在幼儿的发展中具有十分重要的作用。而建构游戏作为幼儿最喜欢的游戏活动之一，它通过独特的魅力吸引幼儿。它可以使幼儿大胆表现、自由想象、充分思考、辨别空间、体验并表达对生活的感受。在搭建过程中通过建构、合作、分析、动脑等激发了幼儿智力因素和非智力因素的发展。

然而，在幼儿园的实践中，我们不难发现：教师把建构游戏作为日常区域活动中一种单一的游戏，材料一成不变且单一；加上幼儿园内场地的限制、建构游戏的时间不充足，教师通常要求幼儿围在桌边集体建构或在户外单一进行某个建构。这样，游戏的空间不能得到保证，也就无法完全发挥出建构游戏的真正教育价值和核心作用。针对教师在建构游戏中的现状，我们提出了户内外建构游戏一体化创设的实践研究，从而提高幼儿的建构能力，促进幼儿的学习与发展。

二、研究意义

（1）苏霍姆林斯基说过："儿童的智慧在他的手指尖上。"这说明幼儿时期学习的特点是以动作为方式，没有动作就没有智慧。开展户内外建构游戏一体化的研究，有助于利用室内到室外的多种环境来锻炼幼儿手、眼、脑的协调性，从激发幼儿的兴趣着手，逐步提高幼儿的技能，最后达到发展幼儿能力的目的。

（2）《幼儿园教育指导纲要（试行）》中提出："教育活动内容的组织应充分考虑幼儿的学习特点和认识规律，各领域的内容要有机联系，相互渗透，注重综合性、趣味性、活动性，寓教育于生活、游戏之中。""组织形式应根据需要合理安排，因时、因地、因内容、因材料灵活地运用。"同时"关注环境是重要的教育资源，应通过环境的创设和利用，有效地促进幼儿的发展"。这是指导思想，也是理论基础。通过丰富一日活动，促进幼儿形成积极主动的学习态度。

（3）课程改革为培养幼儿的自主学习能力提供了条件和操作平台，同时培养幼儿的自主学习能力也成为幼儿园课程改革对教学提出的要求。在《幼儿园教育指导纲要（试行）》中，有很多内容要求幼儿去自主探究、去收集整理材料、去获取新知识、去分析解决问题等，这些都要求幼儿有较高的自主学习能力。那么，怎样使幼儿学会自主学习就成为幼儿园教学中有待解决的问题。倡导自主学习成了幼儿园改革的亮点。

（4）课程的综合化、信息化、科学化是今后课程改革发展的大趋势，在这样的背景下，开展"幼儿园户内外建构游戏一体化创设的实践研究"，不仅可以丰富幼儿素质教育的内涵，而且顺应了中国21世纪课程改革的需要，是对当今课程游戏化的验证与实践。

（5）建构游戏对幼儿的发展具有独特的教育价值，以游戏为形式的有效教学，能为幼儿营造轻松的游戏氛围，让幼儿放松心情，拓展幼儿自由想象的空间，并通过教师的适时指导，最终使教学目标较好地完成。同时，教师将进一步探究知识与游戏的巧妙结合，让幼儿在玩中学、学中玩，促进幼儿在游戏中愉快学习、健康成长。

三、概念界定

建构游戏是幼儿根据自己的兴趣、经验、认知能力、情感和个体特征，利用各种建构材料在建构活动中反映周围生活的一种游戏，是创造性游戏的一种。通俗地说，建构游戏是幼儿利用各种建筑材料，如积木、积塑、金属部件等在堆、叠、搭的过程中按自己的需要、兴趣和意愿进行游戏，它通过幼儿的意愿构思、动手造型、构造物体等一系列活动，丰富而生动地再现了现实社会生活中人们的建筑劳动场景、建筑物以及各种物品，通过思维和创造来反映现实生活。

一体化就是充分利用户内外环境，以主题教育为主线，使其各自相对独立，又能共同发挥整体作用。利用各种不同需求的建构游戏材料来反映周围的生活，从而最大限度地满足幼儿游戏与学习活动的需要。

四、研究目标

（1）探究主题教育和区域活动、户外自主建构游戏相互结合，形成一体化建构游戏的活动方案。

（2）在一体化建构活动中，引导幼儿学会观察和思考，提高其自主学习的兴趣和能力，总结出适合不同年龄段幼儿学习的指导策略和方式方法。

（3）把主题教学、区域活动和户外自主建构游戏结合起来，根据中、大班幼儿的年龄特点和需要，运用游戏方式开展主题教学、区域活动、户外自主建构游戏，并形成中、大班一体化建构游戏活动方案。

（4）总结出一体化建构游戏应遵循的原则，进一步充实和完善我园的园本课程，巩固我园的办园特色。

五、研究内容

（1）一体化建构游戏的主题与内容有机结合。

（2）户外、室内建构游戏与材料的适宜性。

（3）探究科学、合理地划分和设置户内外结构游戏区。

（4）进行一体化建构游戏组织、观察、评价的有效策略的研究。（中班组：探索建构，提高技能；大班组：创意建构，提升智慧）

（5）形成中、大班幼儿一体化建构游戏方案、目标、内容和指导方法。

六、研究方法

（1）文献资料法。通过收集、查阅和学习有关建构游戏的各种文献，结合室内、户外建构游戏方法进行实践探索，为课题研究提供借鉴。

（2）行动研究法。在创设户内外建构游戏一体化中，课题小组成员共同合作，结合开展建构游戏的经验，创设合理、有效、让幼儿感兴趣的建构游戏。

（3）观察指导法。按照预定的研究目的，通过观察幼儿在游戏中的表现，进行分析和比较，发现有价值的东西，以便有针对性地进行教学。

（4）经验总结法。通过对教学实践中的经验进行归纳、总结、分析，使之系统化，从中总结出创设户内外建构游戏一体化的策略。

七、研究对象

中、大班全体幼儿。

八、思路步骤

（一）准备阶段（2019年8—10月）

（1）结合总课题的总目标，围绕本园的实际编制课题研究方案，明确研究思路。

（2）组织本园教师学习与收集关于"户内外建构游戏一体化"的研究资料，寻找理论根据。

（二）实施阶段（2019年10月—2020年8月）

（1）探究户内外建构游戏的具体内容和项目。

（2）结合本园实际，探究幼儿园户内外场地的有效设置和利用。

（3）探究幼儿园户内外建构游戏材料的有效投放和管理。

（三）研究阶段（2020年9月—2021年7月）

（1）探究户内外建构游戏的具体内容和项目。

（2）结合本园实际，探究幼儿园户内外场地的有效设置和利用。

（3）探究幼儿园户内外建构游戏材料的有效投放和管理。

（4）以中、大班为例，探究户内外建构游戏如何一体化的组织策略。

（5）研究幼儿园户内外建构游戏过程中教师如何观察与指导。

（6）建构幼儿户外建构游戏的有效评价表。

（四）总结阶段（2021年9—12月）

（1）整理过程性资料。对整个研讨过程的资料、信息、音像、照片、方案等进行收集、整理、归纳、总结、装订成册。

（2）编制本幼儿园"户内外建构游戏一体化"中、大班案例集和视频集，编制《幼儿园户内外建构游戏材料集》，收集《幼儿园户内外建构游戏观察记录》，编制《幼儿园户内外建构游戏评价表》，撰写《幼儿园户内外建构游戏心得或论文》等。

九、研究过程

（一）成立课题研究小组，制订研究方案

（1）成立研究小组。为了有效开展本课题，我们成立了课题研究小组，组长由教学副园长担任，成员由保教主任、中、大班年级组长以及中、大班班主任等12名成员组成。

（2）制订方案和计划。结合课题要求，我们多次召集了各类教研会议，制订了"户内外建构游戏一体化"的研究方案和研究计划；结合教学活动的主题确立了研究主题，进行户内外建构游戏项目的探究，如美丽的城市、港珠澳大桥、桂花公园、消防大队等。

（二）探究中、大班户内外建构游戏的环境创设

（1）为了有效地开展户内外建构游戏，做到室内、户外有效的统一，在环境的创设过程中，不是为创设而创设，而是要关注建构区域环境从"随意"变为"有意"。我们遵循建构游戏环境创设的四大原则（整体性、独特性、关联性、延伸性），以充分挖掘环境资源和条件。

（2）重设"一体化"需要的室内、户外环境。室内，我们将原有的班级区域重新设计，充分利用课室、睡房、地面、桌面、墙面、空中等一切可利用的空间，将空间分隔为材料区、建构区，再利用吊饰、墙面、柜壁等充实区域。每个班级开辟了一个大的建构区，专门用于幼儿进行建构活动，并为该专用活动区取名"小小建筑师""造型大师馆""石竹工匠区"等。该场地按幼儿活动的需求分为地毯区、平面区分别投放了乐高、小型积木构建、插塑、纸杯、纸筒、易拉罐、酸奶杯、塑料盒、小树、马路、红绿灯、瓦楞纸、光盘、小段水管及专门的储物箱等，让幼儿根据自己的意愿选择建构材料。户外，我们制作了开放性的货柜玩具架，投放了PVC水管、大型碳化积木，废旧轮胎、竹筒、乐高拼插、轻砖、石头、棍棒、纸箱、纸板、木桩、竹筒、盒子、奶粉罐等。另外，户外建构区一般不特别设置展示区，可以利用幼儿园公共环境的墙面展示幼儿建构大型作品的照片，也可以直接在建构区短期展示建构作品。

（三）户内外建构游戏一体化的具体实施

一旦建构计划和方案出台后，幼儿就会按照讨论好的分工合作计划积极投入建构游戏中。教师的参与、帮助和引导对于幼儿保持建构的兴趣与建构游戏的后续实施具有重要的作用。

（1）目标确定。户内外建构游戏目标从两个维度来制定：涵盖社会性发展目标和建构技能发展目标。我们通过观察发现，幼儿不但创造了建构物，还创造了一套用以约束自己的行为和适应游戏开展的规则。在户内外建构游戏中，幼儿解决与伙伴在游戏中产生的问题，能够成为他们学习轮流、等待、分享、谦让、协商和合作等社会性交往技能的契机，有助于幼儿理解社会性规则的意义，增强归属感。所以，小班以"快乐建构，培养兴趣"为目标，中班以"探索建构，提高技能"为目标，大班以"创意建构，提升智慧"为目标。

（2）内容要求。"目标是起点，也是归宿。"诚然，游戏目标的制定是决定游戏有效开展的关键要素。一个游戏在室内究竟要引导幼儿探究什么，获得什么，在户外探究到什么程度，它对整个活动过程具有导向作用，使游戏顺利开展。

（3）游戏的指导。一是关键经验准备。关键经验准备即丰富幼儿与游戏主题相关的生活经验。二是内容涵盖。内容涵盖即对周围物体和建筑物的形状、结构的观察体验，丰富和加深幼儿对物体与建筑物的印象。教师引导幼儿注意观察周围生活中的多种建筑，熟知其各部位的名称、形状、结构特征、组合关系与色泽特点，在此基础上引导幼儿根据需要选择合适的材料，创造性地表现自己对事物的认识。三是建构材料的认识。引导幼儿识别在不同场合使用材料的经验，引导幼儿认识、了解建构材料的形状、颜色、大小等特征，会选用建构材料去构造物体，会灵活使用材料。四是基本建构技能的掌握。建构技能引导幼儿学会积木的排列组合（平铺、延长对称、加宽、加长、加高、围合、盖顶、搭台阶等），积塑的插接、镶嵌（整体连接、交叉连接、端点连接、围合连接等），以及穿套编织，黏合造型等技能。这是幼儿构造物体的基础。五是设计构思能力。引导幼儿整体构思构造户内外计划，使幼儿有目的、有计划、有步骤地进行户内外构造活动。在构造实践中能根据需要修改、补充，以取得结构成功。

总之，在实践过程中，通过"环境创设—材料投放—组织实施—发展评价"层层递进的方式逐步拓展并深入课题内容，力求在实施—反思—研讨—总结的过程中发现问题，在教研中解决困惑，在反思中提高改进措施，从而有效地开展户内外结构游戏。

十、研究成果

通过建构游戏一体化的创设，在材料和体验的过程中，让每个幼儿都能够发现自己的能力，在建构游戏中体验到真正的快乐。引导幼儿大胆、自信、敢于创造是我们最终的目标，也是游戏的意义和价值体现。

（一）室内户外同主题，建构效果大不同

在创设建构游戏一体化环境中，我们要求教师在组织幼儿开展户内外建构游戏时，紧紧围绕本月、本周主题教育的内容，将其渗透在日常的教学活动和游戏活动中。一个主题游戏可以在室内进行，也可以在室外进行。这样有利于

户内外建构游戏环境一体化，有利于幼儿了解有哪些活动可供选择。

（二）室内与户外，材料巧投放

空间小会直接影响幼儿的游戏和游戏中的交往行为，必然会减少幼儿的大动作活动，并随时有可能使幼儿产生冲突和攻击性行为。在建构游戏一体化的创设中，什么样的建构材料适合放在室内的小空间，什么样的建构材料适合放在户外并促进幼儿的发展和社会性交往等，都需要着重考虑，所以教师应根据幼儿年龄的特点，设计幼儿需要的、富有情趣的室内游戏环境。比如，室内环境为幼儿投放一些小型建构玩具，户外环境为幼儿投放一些帐篷、纸盒、长短不一样的管子等，充分发挥现有空间的实际效用。

（三）室内练习技能，户外建构创作

幼儿在室内由于受到空间大小的限制，往往在搭建中有一定的局限，我们结合主题活动在室内重点解决搭建的技能技巧，如平搭、垒高等。到了户外，幼儿可以随意选择或变换各种内容的活动，也可以在一个游戏中玩出多种花样，如幼儿可以去户外宽敞的活动区用大积木搭建城堡、大厦、高楼等。在户外进行建构游戏时，有时积木过于庞大，幼儿无法总览全景，建构的时候经常出现无法连接、围拢、平衡等问题，有时经过一遍遍尝试也找不到问题所在。这时候教师可以帮幼儿把建构照片拍下来，让幼儿回到教室内进行观察，寻找问题，往往幼儿会在看照片的时候找到问题，或在使用小积木重新进行拼搭的时候找到问题。在找问题、解决问题的过程中，除了提高幼儿解决问题的能力，最重要的是让幼儿对建构产生更加浓厚的兴趣，带动更多的幼儿在户外和室内建构更有难度的建筑。

（四）室内未完成，户外做延伸

为了最大限度地满足幼儿游戏与学习活动的需要，更好地促进幼儿学习与发展，将幼儿园的室内与户外环境整合为一体，使其各自相对独立，又能共同发挥整体作用，也就是把室内活动区的建构游戏延伸到户外，并结合户外特点进行设置，给幼儿提供更加丰富的直接经验，从而达到相辅相成、互为补充、相得益彰的效果。

（五）户外遇问题，室内寻方法

户外搭建的时候幼儿会出现技术、技能、知识经验等方面的问题，如幼儿搭建的时候经常会将迷宫搭建得很小，或幼儿不知道怎么搭建，经过老师的引导，让幼儿发现其中的问题，最后在室外搭建时，幼儿就会搭建出一个满意的迷宫。

总之，户内外一体化的建构便于幼儿把所有的环境进行整合利用，将教学与区域、户外有机结合，不仅拓展了幼儿的思维，而且让幼儿得到全面发展。

十一、研究效果

（一）幼儿方面

（1）一体化的建构游戏为幼儿提供了一个探索的环境，让幼儿在游戏中操作，主动获取学习经验，从而建构自己的知识。幼儿利用各种建筑材料，如积木、积塑、沙土、废旧材料等，按自己的需要、兴趣和意愿进行建筑游戏。

（2）一体化的建构游戏让幼儿的五大领域得到发展。比如，幼儿能用数字、图画、图表或其他符号记录自己的计划和内心想法。（绘画）幼儿在建构游戏中通过亲手搬运材料促进了动作技能的提高，同时体能也得到了锻炼。另外，幼儿还学会了搬运和收拾的各种方法，让游戏得以有序完成。（体能）幼儿在拼搭材料的过程中，认识了数和量的关系，学习了辨认空间方位。在活动中，积累了许多数学经验。发现事物简单的排序规律，并尝试创造新的排序规律。（数学）还有我们所熟知的语言表达和社会性交往都得到了发展。

（3）在一体化建构游戏中，让幼儿利用种类繁多、质地多样的材料进行搭建（排列、组合、接插、镶嵌、拼搭、垒高等）的过程中，满足了幼儿搭建的需求及愿望，体验与同伴共同搭建的快乐感、成就感。它不仅能丰富幼儿的主观体验，发展幼儿的动手能力和建构技能，还能促使幼儿在协商、谦让、交换的游戏氛围中学会分享与合作，尝试开拓与创新，体验成功与挫折，从而实现合作交往能力的提高以及幼儿个性的和谐发展。

（4）在一体化建构游戏中，幼儿的参与性高，在活动中能积极动脑、大胆创作，表达能力、动手操作能力进一步提高，而且学会了分类收拾、整理自己的用品。这些有效地培养了幼儿良好的行为习惯，让幼儿养成积极主动、认真细致、不怕困难的优良品质，对幼儿的终身发展具有极其重要的意义。

（二）教师方面

（1）通过课题研究，教师的教育观念更新了，创新能力提高了。在活动中，不断开拓活动空间，让幼儿在玩中求发展。个体素质的形成、发展和提高不再是一句空话，而是让幼儿在自由选择、自主探索中得到真正的发展。

（2）通过户内外建构游戏一体化的创设，合理规划场地，结合幼儿的年龄特点，提供可视、可操作、可创意的材料，设置一定的情境，最大限度地满足幼儿自主游戏的愿望和兴趣，以促进幼儿的全面发展。

（3）通过两年的建构活动的研究，教师变得更聪明能干、更懂得以集体的智慧提高教育教学的质量。教师在户内外建构游戏一体化研究过程中，学会了相互合作、彼此分享。

（4）发挥了教师观察者的作用。在课题研究过程中，教师们明白在建构活动中应该给予幼儿帮助，但不是有求必应。当幼儿发出请求时，教师应该先判断幼儿是不是真正需要帮助，是不是真的遇到了难题，可以先鼓励幼儿"你再试一试""你能够做到的"。当观察后发现幼儿确实遇到了难题，也不必急于告诉他结果，而应该引导他通过自己的双手来获得答案，语言的指导可以多一些，动手的机会应多留给幼儿。

（三）幼儿园方面

（1）自子课题开展以来，在名园长工作室的指导下，我们进一步明确和落实了课题研究任务，我园教师积极参与课题研究讨论，把课题研究和日常教育教学有机结合。以理论指导实践研究，以课题研究引领专业发展，取得了阶段性的研究成果。

（2）通过协作教研的方式帮助幼儿园发现问题、分析问题、探究问题、解决问题，在遵循一体化建构游戏的原则上，形成了适合我园特色的教学模式。以此进一步充实和完善我园的园本课程，巩固我园的办园特色。

十二、物化成果

（1）课题结题报告一份。

（2）户内外建构材料清单一份。

（3）中、大班优秀建构教案集一册。

（4）户内外建构游戏观察记录一册。

（5）建构游戏故事视频若干份。

（6）谭家瑜老师的建构游戏案例《迷宫乐》获得南城区三等奖。

（7）张平撰写的论文《幼儿园室内外建构游戏环境一体化创设之我见》获得南城区一等奖。

十三、不足与方向

（1）《幼儿园教育指导纲要（试行）》指出，教师应成为幼儿学习活动的支持者、合作者、引导者。但是在建构游戏中，教师引导策略、介入方式等方面还需要进一步探究。

（2）户内外建构材料的适宜性方面探究得不够深入，特别是结合主题内容在调整和更换建构材料方面需要深入研究。

（3）评价内容简单，部分教师的观察目标性还不够强，特别是有效性观察和对幼儿情绪的把握不够。

（4）一体化有机整合方面的内容衔接不够紧密，部分教师的思考还有一定的欠缺，拓宽幼儿的思维和提升幼儿的结构水平的能力有待提升。

参考文献

［1］邵爱红.幼儿园室内外建构游戏指导［M］.北京：中国轻工业出版社，2016.

［2］刘淑唯.幼儿园建构游戏的开展与实践［J］.基础教育研究，2016（22）：87–88.

［3］陈雅雅. 幼儿园户外自主游戏的新思考［J］. 幼儿教育研究，2016
　　（1）：47-49.

［4］施美旋. 幼儿园户外自主游戏的探索［J］. 新课程（小学），2017
　　（3）：60-61.

户内外建构游戏一体化指导手册

东莞市南城石竹幼儿园

前　言

一、我们对建构的定义

游戏是幼儿的天性，它伴随着幼儿的成长，对游戏的喜爱是幼儿与生俱来的。在游戏中，幼儿天真无邪、纯真自然的天性展露无遗。自由、自发、自主的游戏，让每个幼儿都可以根据自己的兴趣和需要来进行活动，从而获取知识和经验。

建构游戏是融思维、操作、艺术、创造为一体的活动，幼儿在搭建和拼插各种积木的过程中，能获得大量有关数量、图形以及空间概念的核心经验，也能促进幼儿的立体造型能力和合作能力的发展；同时，建构游戏的魅力还体现在开放的特质上，幼儿想怎么搭都可以，游戏中幼儿可以随心所欲，这给他们带来了成功的体验和愉悦感。建构游戏还能满足幼儿不断重复做同一件事情的愿望，幼儿在做了拆、拆了再做的过程中，能满足自身心理发展的需求。因此，我们给幼儿创设出利用各种结构元件，如积木、积塑，以及收集的环保制品等材料进行结构造型的游戏场所，幼儿发挥想象力和创造性，运用各种材料独立或合作地搭建各类立体造型的活动对幼儿综合能力的发展起到了很好的促进作用。

二、我们创设户内外建构游戏一体化的原因

建构游戏是幼儿阶段不可或缺的一种体验，我们需要为幼儿提供足够的空间、充足的材料以及充分的时间，以保障幼儿顺利开展建构游戏。按照传统区域方式创设的班级建构区，往往受到场地小、班级建构材料不够丰富、区域之间相互干扰等诸多因素的影响，影响了幼儿根据自己的意愿进行创意建构的效果，更无法充分体现建构区"开放"的特质和变化无穷的魅力。因此，我们把室内建构活动延伸到了户外，并结合户外特点进行设置，更加丰富了幼儿的直接经验，将室内与户外环境整合为一体，从而发挥相辅相成、互为补充、相得益彰的作用，并最大限度地满足幼儿游戏与学习活动的需要，更好地促进幼儿的学习与发展。

三、创设室内外建构游戏一体化的价值体现

瑞士心理学家皮亚杰提出的建构主义认为，儿童是在与周围环境相互作用的过程中，逐步建构起关于外部世界的知识，从而使自身的认知结构得以转化与发展。儿童通过反复观察与接触积木能积累大量关于积木的形状、质量、颜色等感性经验，这有利于幼儿今后将这些经验迁移到对客观世界的认识上，为概念的形成和语言文字的学习打下基础。

建构游戏的独特价值还具体体现在内容综合性、发展整体性和毕生发展性三个方面。①内容综合性是基于物品建构而言的，主要表现在科学与艺术的综合上。建构游戏可以把科学与艺术很好地糅合在一起，体现"1＋1＞2"的效果。②发展整体性强调的是儿童在进行建构游戏时所存在的认知建构，其整体性主要表现在多种心理机能的共同运作和个体的全面性发展上。建构游戏的复杂性直接导致了认知建构的复杂性，从而使幼儿在活动中需要更多的心理支持，最终产生对个体而言发展的整体性。③社会建构被认为是认知建构在时间和空间上的社会性累积，这也是建构游戏最宝贵的发展价值，即毕生发展性。

我们创设户内外建构游戏一体化，其奇妙之处在于为幼儿提供了整合性学习的途径和工具，将操作性、艺术性、创造性和探究性融为一体。我们期望幼

儿在一体化环境中获得以下经验。

（1）规划建构活动，并能按照计划执行，在经历操作、建构和设计的过程中体验游戏的快乐。

（2）培养对材料、模型和建筑物之间的空间关系与逻辑关系的理解。

（3）再现和创造性地表达生活经验。

（4）运用多种感官探索事物，在操作过程中理解事物之间的内在联系。

（5）在堆、叠、拆、搭的过程中，获得初步的立体空间和数理概念，了解不同的几何形状，积累排序、对称等知识经验。

（6）在不断重复堆叠积木、拼插积塑、创意建构的过程中，积累多方面的建构经验，提高自身创造性思维水平。

（7）与同伴分工合作，能运用多种方式对自己的创作进行表达，活动结束后愿意和同伴分享自己的创作，交流自己的建构感受以及体验成功的快乐。

四、室内外建构游戏一体化创设中需做以下考虑

根据幼儿的年龄特点和幼儿身心发展的需要，我们将室内外建构活动区域划分为积木区、积塑区、设计区、环保材料区、辅助材料区等若干个小区角，给幼儿提供丰富的、多样的搭建材料，幼儿可以自由选择、自主建构。我们在创设建构区域的过程中做了以下思考。

（1）结合教室的布局情况，将各个小区角分别创设在相对固定的地方，用玩具柜、地毯、围栏进行分隔，根据搭建的需要铺设地毯或摆放桌椅。

（2）创设小区角时注意动静分开，设计区和积塑区要放置在相对安静的地方，与积木区、塑型区等小区角分开。

（3）积木是建构馆的核心材料，在创设积木区时，需保证有足够数量和种类的积木，小长方块、方块、长板、圆柱等主体搭建积木必须充足，保证主体结构的搭建，装饰的积木可适当提供，还可以适当提供替代的辅助材料，并将积木统一命名，以便取用。积木区通常创设在铺有地毯或地垫、比较开阔的地方。

（4）利用教室中间开阔的集体活动空间，给幼儿创设进行主题建构的延伸区域。根据搭建主题的需要，将不同区角的材料整合起来进行搭建。主题建构

的延伸区域为幼儿提供了充足的搭建空间。

（5）不同年龄阶段的建构游戏在创设时，还需根据各年龄段幼儿的建构能力和幼儿搭建活动的特征来合理规划每个级组的各个小区角，以及提供适宜的搭建材料。

（6）鼓励幼儿跟同伴分享搭建好的作品，可以一起欣赏已完成的作品，说一说是怎样完成的，也可以请部分幼儿在集体活动中进行演示和介绍，还可以由教师来介绍搭建的重难点和搭建的注意事项。

（7）搭建活动中可以渗透一些知识经验的学习，如测量、计数、分类等工作，让幼儿学会做一些简单记录，鼓励幼儿用多种方式进行表达。

（8）在有趣的搭建活动中，不同班级的幼儿一起参加游戏，相互学习、相互促进、共同提升，真正实现环境、材料、知识经验的充分共享。

这就是幼儿喜爱的建构游戏，一个能让幼儿自由创造的地方，一个承载着幼儿奇特梦想、充满童趣的创意天地。

林燕玲名园长工作室课题"户内外游戏一体化创设实践研究"子课题"户内外建构游戏一体化创设实践研究"实施方案

一、问题提出

《幼儿园教育指导纲要（试行）》指出："幼儿园应为幼儿提供健康、丰富的生活和活动环境，满足他们多方面发展的需要……"幼儿园户内外环境是幼儿生活、学习、活动等各种条件的总和。良好的环境有利于让幼儿产生积极的情绪，让幼儿得到潜移默化的教育，获得多元的发展。

随着课程游戏化的不断探究和实施，游戏已经成为幼儿发展的重要形式。那么，建构游戏作为幼儿建构的一种类型和重要手段，已经成为幼儿空间发展、思维、想象、创造的重要依托，在进一步贯彻落实"建构游戏这个重要的教育载体"中，由于场地空间、材料的限定，在名园长总课题中创造性地提出"户内外游戏一体化"的理念下，我园开展子课题"户内外建构游戏一体化创设实践研究"。"一体"我们理解为：整合考虑户内外游戏环境的创设，将环境、材料的作用归到促进幼儿经验增长上来。也就是说，把室内活动区的建构游戏延伸到户外，并结合户外特点进行设置，给幼儿提供更加丰富的直接经验，从而达到相辅相成、互为补充、相得益彰的目的。

二、研究目标

（1）结合幼儿的年龄特点，探索幼儿感兴趣和适宜的室内、户外建构游戏的游戏内容。

（2）探索幼儿园户内外建构游戏材料的有效投放，实现游戏的价值。

（3）充分利用幼儿园的场地空间，创设适宜的室内外建构游戏环境，让游戏环境相互补充、延伸，有机整合。

（4）探究建构游戏如何"一体化"的策略和方法，有效提升幼儿的经验。

（5）通过户内外建构活动，让幼儿感受游戏的快乐，并通过幼儿和材料的互动、发现、探索和创造，发展幼儿自主学习的能力。

三、研究内容

（1）确立户内外建构游戏的具体项目和内容。

（2）根据本园实际，科学、合理地划分和设置室内外建构游戏区。

（3）户内外建构游戏材料投放的策略研究，特别是一体化方面。

（4）幼儿园户内外建构游戏过程中教师的观察与指导策略。

（5）户内外建构游戏的有效组织、观察、评价的策略和方法。

四、研究过程

（一）准备阶段（2019年8—10月）

（1）结合总课题的总目标，围绕本园的实际编制课题研究方案，明确研究思路。

（2）组织本园教师学习与收集关于"户内外建构游戏一体化"的研究资料，寻找理论根据。

（二）研究阶段（2019年11月—2021年7月）

（1）探究户内外建构游戏的具体内容和项目。

（2）结合本园实际，探究幼儿园户内外场地的有效设置和利用。

（3）探究幼儿园户内外建构游戏材料的有效投放和管理。

（4）以中、大班为例，探究户内外建构游戏如何一体化的组织策略。

（5）研究幼儿园户内外建构游戏过程中教师如何观察与指导。

（6）建构幼儿在户外建构游戏的有效评价表。

（三）总结阶段（2021年9—12月）

（1）整理过程性资料。对整个研讨过程的资料、信息、音像、照片、方案等进行收集、整理、归纳、总结，装订成册。

（2）编制本幼儿园"户内外建构游戏一体化"中、大班案例集和视频集，编制《幼儿园户内外建构游戏材料集》，收集《幼儿园户内外建构游戏观察记录》，编制《幼儿园户内外建构游戏评价表》，撰写《幼儿园户内外建构游戏心得即论文》等。

五、户内外建构游戏一体化的研究措施

（1）结合本园的实际情况教研，确定开展班级。

（2）对幼儿园场地、材料投放、建构游戏项目等，进行观察、研讨、比较、分析，并具体实施。

（3）通过"环境创设—材料投放—组织实施—发展评价"等层层递进的方式逐步拓展并深入课题内容，力求在实施—反思—研讨—总结的过程中发现问题，在教研中解决困惑，在反思中提高改进措施，从而有效地开展户内外建构游戏。

（4）结合建构游戏的特点，建立评价工具表进行评价。

六、课题分工

课题指导人：王瑞英（负责该课题在实践研究与实际运作中遇到困难时给予理论和实际操作的指导）。

课题组组长：张平（负责课题实施方案的制订，内容的规划，人员的分工、调配，教研活动的组织、评价表的编制，论文、总结报告的撰写，成果材料的定版等）。

副组长：曾芳芬，协助组长负责课题的具体实施（近期计划的制订，活动过程的观察、评价），实施过程的检查，研究成果资料的收集（案例、照片、视频、论文、心得的收集、整理等）。

课题成员：

赵欣美（负责大班活动计划的制订、具体实施、任务的布置，论文的撰写，心得、课例的收集等）。

曾丽华、封露露、潘安琪、李晓霞（负责大班组课题的具体实施，计划的制订，课例的编制，材料的提供，人员的组织，照片、视频的拍摄等）。

周亮红（负责中班活动计划的制订、具体实施、任务的布置，论文的撰写，心得、课例的收集等）。

刘维珊、张凤珠、李晓红、钟碧娟（负责中班组课题的具体实施，计划的制订，课例的编制，材料的提供，人员的组织，照片、视频的拍摄等）。

东莞市南城石竹幼儿园　张平

2019年10月28日

户内外建构游戏环境创设方案

良好的游戏环境是科学、全面开展游戏活动的前提和基础。教师要想顺利开展建构游戏，首先要考虑创设建构游戏环境的问题。

一、环境创设目标

（1）结合幼儿的年龄特点、游戏发展水平、兴趣爱好，创设适宜的建构环境。

（2）通过室内外建构环境的创设，有效地促进幼儿的发展。

（3）通过室内外建构环境的创设，提升教师的园本教研能力。

二、环境创设措施

（一）室内环境创设

1. 巧用高空，营造建构氛围

在建构区的高空，首先，我们悬挂了"建构乐园"的醒目标志，对建构区进行了明确的划分。其次，我们在区域的边界挂起了隔断帘，将建构区与其他游戏区域进行了分隔，让建构区的活动相对独立不受外界干扰。这样既帮助幼儿明确了游戏区，又化解了因区域分割空间所造就的生硬感，同时还为教室增添了游戏氛围。

2. 妙用墙面，创设主题环境

班级的墙面通过教师的巧手变成一堵会说话的墙，亦变成幼儿游戏、娱乐的桥梁。例如，在墙面上创设各种生活化的情境，使幼儿边欣赏边创作，丰富幼儿的思维。在建构游戏过程中，由于主题贴近生活，幼儿对此非常熟悉，因此在活动时幼儿兴致盎然，激情创作，创作的作品形象生动。

3. 活用地面，建立建构规则

区域游戏是幼儿自主选择、自发开展的活动，教师不适合对幼儿进行统一指挥，为其分配任务，这就不可避免地会出现游戏人多拥挤、秩序混乱、规则破坏的现象。尽管教师在游戏前会进行常规指导，但是在游戏中出现矛盾时也要及时有效地介入。这是由于幼儿的规则意识还有所欠缺。因此，教师可以根据幼儿具体形象思维占主导的特点，在区域游戏中尝试活动地面，对建构区进行更加细致的划分和规则引导，在无声有形中建立幼儿的规则意识。

在建构区的地面上，我们画上了线路图，提示幼儿按照路线进出建构区，让幼儿的进出更加有序。同时在区域内又进行了划分，分为大型积木区、小型积木区、辅材区，并在不同的区域规定了人数，人数满了后就必须在等待区等待，避免出现建构区域拥挤、混乱、争抢游戏材料的现象。同时，为了避免幼儿无所事事的等待，我们在等待区摆放了椅子和桌子，还有一个小小的书架，供他们边看书边排队等待，并请前台工作人员分发有序号的入场手环。建构的区域内也经常出现抢占场地的问题，教师事先在地面上画好界线，将区域游戏的空间进行明确划分，这样也能很好地保证游戏的秩序。

随着建构区游戏的持续开展和调整，建构区的游戏空间逐渐不能满足幼儿的游戏需求了。于是我们在地面铺设地垫，扩大空间，在游戏结束后，快速缩小空间，恢复原样，从而使建构区变得适合幼儿游戏，保持幼儿游戏的趣味性和秩序性。建构区因游戏空间的宽敞而"动"起来了，幼儿也因适宜的环境而"动"起来了，建构区游戏真正地玩起来了。

（二）户外环境创设

自主建构游戏环境的创设很大程度上在于如何科学合理地利用每一个空间，挖掘各种搭建的材料并有机地融入环境中。由于我园有16个教学班，幼儿户外活动场地有限，为了满足幼儿户外建构游戏的需求，我园想尽办法，根据实际情况把场地划分为几个区域，给幼儿提供互动的空间；分年级、分场次组织活动，然后标出特定的区域，让幼儿有序地搭建。如我园利用户外栏杆、墙角等，对部分活动室地面、户外玩具柜、水池等进行改造，购置了一批建构游戏，如大型碳化积木、仿青砖等，还制作了两个长12米、高3.2米的敞开式货架建构游戏柜，收集了PVC水管、高低不同的纸筒、塑料杯、酸奶杯等以满足幼儿自主构建材料的需求。

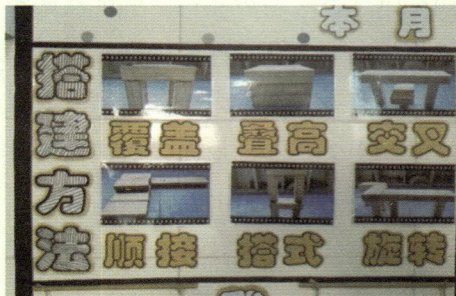

（三）材料投放

游戏材料是保障游戏顺利开展的重要载体，是促进幼儿多样化发展的重要支架。幼儿园常见的建构游戏材料主要有两类：低结构材料和无结构材料。其中低结构材料包括积木类、积塑类和废旧材料类。

在建构游戏环境创设中，可根据幼儿的年龄特征和班级实际情况规划为积木区、积塑区、设计区、塑型区、环保材料区和辅助材料区等若干个小区角。

（1）积木材料。

（2）积塑材料。

（3）废旧材料。

户内外建构游戏案例

不会倒的酸奶杯

游戏主题	不会倒的酸奶杯		
记录人	王颖蕾	记录时间	2020年10月15日
游戏背景	自主游戏是幼儿在一定的游戏环境中根据自己的兴趣和需要，以快乐和满足为目的，自由选择、自主展开、自发交流的活动过程。这一过程也是幼儿兴趣需要得到满足，天性自由表露，积极性、主动性、创造性充分发挥和人格健全的过程。我园自开展户外自主游戏以来，幼儿在自主游戏中不断尝试、不断发现、不断学习，教师们也和幼儿一样不断成长。其中的建构区是幼儿十分喜爱的天地，他们在这里进行自由的拼摆，乐趣无穷。这里发生着很多奇妙的故事		
游戏过程	这一天，我跟随幼儿来到操场进行酸奶杯的搭建。他们几人自由组队，只见乐乐、豪豪和宸宸三个人手拉着手来到一处空地，讨论着如何分工合作。只听到豪豪说："那好吧！我来搭，你们帮我拿杯子吧！"乐乐和宸宸从箱子里拿了很多酸奶杯，豪豪先搭了一排酸奶杯，然后接着往上搭了第二层、第三层、第四层……突然，一阵风吹来，最上面的两层酸奶杯掉落了。不一会儿，刚刚搭好的几层都慢慢掉落了。乐乐站起来，张开双臂说："哇！好大的风呀！我来挡住风。"当风小一点的时候，宸宸说："我们再来试一次吧。"豪豪和宸宸重新拾起掉落的杯子，豪豪说："快点吧！我们要加快速度了，不然风又来了。"他们又开始搭建了，可风来的时候他们搭建的酸奶杯又一次掉落了。他们一次又一次地尝试，酸奶杯却一次又一次地被风吹倒。三个小伙伴垂头丧气，正当他们想要放弃的时候，突然发现女孩们的酸奶杯却搭得稳稳的。原来女孩们在搭建的时候，最下面一层用了很多个酸奶杯，增大了支撑面，增强了稳固性，所以酸奶杯就不容易倒了		

续表

游戏主题	不会倒的酸奶杯		
记录人	王颖蕾	记录时间	2020年10月15日
游戏过程	受女孩们搭建方法的启发，乐乐、豪豪和宸宸又一次尝试搭建。这一次，豪豪在第一层也用了很多个酸奶杯，他们一起合作又往高搭建，这次他们成功了。三个小伙伴高兴得拍手叫好		
行为解读	在酸奶杯搭建的过程中，我很幸运地见证了幼儿的成长。三个小伙伴自由组成一队，合作搭建，而且分工很明确。在搭建的过程中因为风太大，酸奶杯出现了掉落的情况，但三个小伙伴并没有因此而放弃，而是想出各种办法让酸奶杯继续叠高。当看到女孩们用巧妙的方法使酸奶杯在有风的情况下也没有掉落时，他们便开始尝试模仿搭建。最后终于成功了，我也为他们的成功感到高兴		
教师支持	一路观察下来，我也不断反思感悟，收获很大。首先，幼儿是天生的游戏家，更是游戏的主人。我们要学会做一个隐形的老师，只在孩子真正需要我们的时候才现身。其次，我们要给幼儿一双隐形的翅膀，闭上嘴、管住手、瞪大眼、竖起耳。遇事高控、随意介入可谓是幼儿自主游戏的隐形杀手，扼杀了幼儿游戏的积极性、主动性和创造性。让我们勇敢地抛弃那些阻碍幼儿快乐的经验吧！将自己的经验归零，才能还给幼儿真正自主的游戏，才能给幼儿插上隐形的翅膀。我们相信老师和幼儿的发展一切皆有可能		
游戏亮点	1. 自己发明的游戏，百玩不厌（幼儿状态投入，情绪高涨）。 2. 自己有解决问题的策略（加入纸杯，增大支撑面，增强稳固性）。 3. 游戏中不断学习、不断挑战、不断进步（幼儿始终快乐，真正进行自主游戏）		

好玩的沙坑

游戏主题	好玩的沙坑		
记录人	王颖蕾	记录时间	2020年9月11日
游戏背景	《3—6岁儿童学习与发展指南》指出，要珍视游戏和生活的独特价值，创设丰富的教育环境，合理安排一日生活。为了满足幼儿爱玩好动的天性，幼儿园开展了丰富多彩的户外自主游戏活动。沙水游戏是幼儿园常见的一种游戏，幼儿喜欢在沙水区中拍拍、挖挖、堆堆、垒垒，自由创作，充分满足了他们的好奇心、探究欲，也满足了他们亲近自然的愿望。同时，沙子的流动性、可塑性给了幼儿更多创造的可能，幼儿用小桶、水壶、铲子、铁锹、积木、饼干模型、玩偶、漏斗等多种玩沙的辅助材料，通过自己的想象，进行各种建构和构想，沉醉其中		
游戏过程	今天是第一次在大沙池玩沙，幼儿都非常兴奋。大水管的水打开之后，他们尖叫起来："哇！好多水啊！"他们有的拿着勺等工具玩水，有的拿着玩沙工具铲沙。这时，我看到你顺着水管流水的方向开始挖沙坑。你右手拿着小铲子，左手不停地抓起沙子，弯着腰，身体不断地向前移动。水顺着沙坑流着，我看到巨大的汗珠从你的额头上滴下来，可你顾不上擦汗，还在继续往前挖，沙坑越来越长…… 不一会儿，有几个小伙伴围过来对你说："坤坤，我们来一起挖吧。我们在这边挖一条，等一下就可以和你的沙坑接在一起了。"你高兴地点点头，小伙伴们也开始埋头苦干，其中有一个幼儿说："哎呀！太难挖了，我都快挖不动了。"你赶紧走过去说："没关系！我可以帮你一起挖。"说完，你们就开始一起挖。我看到你不停地擦着头上的汗，但两只小手还是一直用力地挖着沙坑。最后，你们的沙坑接通了，水顺着沙坑的方向一直流。你和小伙伴们高兴得欢呼起来……		
行为解读	坤坤，平时的你做事有点马虎，可今天你给了老师一个大大的惊喜。今天你在挖沙坑的时候特别专注，当我看到豆大的汗珠挂在你的额头上时，我以为你会喊累，会放弃，但是你没有，你一直坚持着。同伴们过来一起挖沙坑的时候，你热情主动，还会给予同伴们适当的帮助。在你们的共同努力下，沙坑终于挖成功了。看到你们高兴得跳起来的时候，老师也为你们的坚持与成功感到高兴		

续表

游戏主题	好玩的沙坑		
记录人	王颖蕾	记录时间	2020年9月11日
教师支持	坤坤，你的动手能力很强。挖沙坑的过程虽然很累，也需要花费很长的时间，但是你一直很有耐心地完成。在与同伴们合作的过程中你也十分友好，并与大家互相鼓励。我期待你在未来的日子里，继续保持着这种做事的耐心。兴趣是最好的老师，我希望在今后的日子里你能坚持做自己感兴趣的事情，相信付出总会有收获。我的宝贝，好好加油吧		
游戏亮点	挖沙坑的过程虽然很累，也需要花费很长的时间，但幼儿一直都很有耐心地坚持着。大家互相帮助，齐心协力。在游戏中，幼儿是快乐的、积极主动的，他们愿意不断去挑战问题和克服困难。让我们一起在游戏中聆听幼儿的声音、观察幼儿的行为、发现幼儿的学习、读懂幼儿的需要、尊重及支持幼儿的想法		

城　堡

游戏主题	城堡		
记录人	徐万芝	记录时间	2019年9月15日
游戏背景	中班的幼儿在建构游戏方面已有一定的发展，但在建构主题建筑物时，我发现幼儿尤其喜欢建城堡，可幼儿的协调性及灵活性不够。为了培养幼儿的动手动脑以及团结协作的能力和发展幼儿的协调性与灵活性，我们开展了这项活动		
游戏过程	今天幼儿进行户外活动时，和平常一样先进行分组，以小组为单位，讨论本次活动的一些玩法和拼搭的小技巧。我看到了小竖这一组搭的一座十分有趣、有创意的小桥。他们首先推举小竖为小组长带领他们玩拼搭的游戏，之后睿睿和陈陈听从组长的安排分配任务。当我看到他们搭建的时候，他们已经有了自己的主题，并两两合作不停地在往上或往外搭建。我走过去问小竖："你们在搭什么？"小竖说："我们搭的是我们的秘密基地。"睿睿说："我们为基地搭了长长的马路。"问他们搭完了没有，他们都回答："我们还要继续搭。"在我问了他们这些问题后，另一组的幼儿也看到了他们的作品，并开始交流。睿睿说："你们搭的是什么啊？"轩轩说："我们搭好了自己的秘密基地。"睿睿说："这里藏了什么秘密啊？"轩轩说："不告诉你。"睿睿说："我们搭的是马路。"轩轩说："一猜就猜到了。""你们搭的都快到我们的秘密基地了。你们应该拐个弯往那边搭。"睿睿转头对陈陈说："哦。"在互相观察与交流中，两组小伙伴一次次尝试，一次次进步。在此过程中也会和大家一起想办法。有时也会给他们增加难度，让他们自己解决问题。在游戏过程中和最后的取名字环节，幼儿都表现得很积极。这点很不错，值得表扬		
行为解读	每一个步骤都知道如何完成，因为在之前的活动中有了一些经验，所以本次活动开展得很不错。虽然会有一点点小矛盾和小问题，但幼儿都会自己想办法协商解决		

续表

游戏主题	城堡		
记录人	徐万芝	记录时间	2019年9月15日
教师支持	幼儿在活动中都会出现一些小问题，但是会自己想办法解决，如确实解决不了才会寻求大人的帮助。 　　幼儿在拼搭过程中的目标性和认知方面还稍有欠缺。希望通过后期的努力能有不错的表现，继续努力		
游戏亮点	幼儿在整个活动中能积极动脑想办法解决所遇到的难题，不断努力、不断尝试；伙伴之间的合作意识、配合方面都有不错的提高；活动的氛围以及幼儿的动手参与，都是本次活动的亮点和优点		

玩　水

游戏主题	玩水		
记录人	王桂玲	记录时间	2020年10月15日
游戏背景	玩水是每个幼儿的天性，从平时开展的活动中可以看出幼儿玩得很开心，对活动很感兴趣，能积极地投入这种有趣的游戏中，教师也成为幼儿活动的关注者、支持者、引导者。在对玩水游戏有了一定的兴趣和经验后，我们在原有的基础上做了进一步完善。幼儿具有一定的探索能力，对于好玩的都充满好奇心，抓住这个特点，我们重新预设了目标，让幼儿运用多种形式，通过个人、小组、集体等多种方法来获得知识体验，让幼儿感知水的特性。通过尝试各种不同的玩水方法，从而体验玩水的乐趣		
游戏过程	今天下午我们中一班开展的户外自主游戏是玩水。来到操场后，将幼儿分成三组，每组8人。分好组后，幼儿自由讨论并选出一名小组长。由组长负责提水和接水，其他组员负责拿好PVC水管，一个接一个排好队。正基被选为第三组组长，他组织组员排好队。星星排在第一个，正基说："你是第一个，要把手抬高一点哦！"接着他检查后面幼儿的水管有没有连接好。他走到最后一个幼儿（昊辰）的面前说："你的水管要放低一点，要对着小水桶哦！"他用量杯盛了半杯水，对组员们说："都扶好水管哦！我要倒水了。"说完，他把水小心翼翼地倒在第一节PVC管中，水顺着PVC管慢慢流入最后一节，最后流到小水桶中。"哇！我们成功了！"组员们都欢呼起来		
行为解读	正基，今天你给了我很大的惊喜。你担任小组长的时候特别负责任，还特别认真。从今天的各种行为可以看出你对玩水游戏很感兴趣，还主动思考如何让水顺利流到小水桶中。倒水之前你先检查你组员的水管有没有连接好，还提醒他们注意拿PVC管的高度。倒水时，你用量杯装了大半杯水，而不是满满一杯，这样就不容易打湿衣服。倒的时候，你小心翼翼，所以水没有溅出来，都顺着水管流到小水桶中了。我看到你专注认真的样子，便没有打扰你，只是拿手机悄悄记录下了这一刻		

续表

游戏主题	玩水		
记录人	王桂玲	记录时间	2020年10月15日
教师支持	正基，你真的出乎我的意料。你通过自己主动思考，组织的组员一起合作，一次就成功了。我期待着你在未来的日子里保持这种做事认真、负责的态度。在担任小组长时，你能带领组员们分工合作、团结一致地做好每一件事。未来的小班长，加油！你一定可以的		
游戏亮点	在每次有计划的活动后，幼儿的动手能力、思维能力等都有了明显的变化，从逐渐探索如何成功运水到体验成功的喜悦，几乎每个幼儿都在尽情地发挥自己的想象力，经过多次尝试，大大提高了幼儿的思维发散能力，发展了动手能力和与同伴之间的合作能力		

快乐沙滩

游戏主题	快乐沙滩		
记录人	雷素梅	记录时间	2020年6月15日
游戏背景	沙池是最受幼儿欢迎的户外活动之一，小沙池大世界，幼儿在沙池中玩得很开心，有的在堆城堡，有的在挖渠道，有的在沙上作画，有的在寻宝……		
游戏过程	今天的游戏主题是"快乐沙滩"，幼儿七嘴八舌地说着自己到了"沙滩"最想做的事情。灏灏听后马上去拿了沙漏斗，并把沙漏斗倒放在沙面上当"车"开起来。过了一会儿，他捡起一个小贝壳惊喜地和伙伴说："哎，我发现了宝物。"成成走过去问他："灏灏，你这是啥车，可以在沙滩上开？"他说："我这是潜水车，可以在水下开，也可以在沙面开。"成成说："那你开这车是要做什么呢？""我想要找宝物。"他说。"你想要找什么样的宝物呢？"他想了一想说："我想要找大大的贝壳。"说完他马上忙碌起来，只见灏灏拿了小碗和小漏斗，在沙池里不停地翻找。过了段时间，他高兴地说："成成，你看我在沙子里面找到了好多贝壳。""哇！你好厉害啊，那这些贝壳要怎么处理呢？"成成说。"让我想一想，哦，我把它藏起来，看看谁能最快找到我的宝物。"他得意地说着。"嗯，听着好像不错哦。"说完两个人开始了他们的游戏		
行为解读	灏灏是个思维活跃、很有想法的孩子。原来灏灏把沙漏斗当成寻宝"车"，在沙里寻"宝"，他的这个玩法引起了成成的注意："灏灏，你这是啥车，可以在沙滩上开？"无形中把成成也带入了这个游戏，有了成成的加入，这个游戏更有趣味了。在整个游戏中，他们俩发挥各自的聪明才智，互相合作，共同演绎了一场快乐沙滩"寻宝"游戏		
教师支持	1. 对灏灏的表现给予肯定，表扬他是一个爱动脑筋的好孩子，激励他想出更多好玩的游戏。 2. 要给予幼儿锻炼的机会，让他们独立完成力所能及的事情。同时要注意培养幼儿的独立性及合作意识		

续表

游戏主题	快乐沙滩		
记录人	雷素梅	记录时间	2020年6月15日
游戏亮点	1. 灏灏是一个比较聪明的孩子，他的创新意识比较强，常常能想到一些物品各种不同的玩法。这次从最先开始寻找小贝壳，到后来变成看谁能最快寻找到宝物。这个游戏也激发了旁边幼儿的兴趣。 2. 建构游戏的价值并不在于幼儿的建构技能有多么熟练，或建构出什么作品，它并不是教育的根本目的，而是实现目标的途径。通过建构使幼儿发现自己的能力，使幼儿能在游戏中体验快乐、在无形中能力也得到了发展		

建筑师

游戏主题	建筑师		
记录人	袁中琴	记录时间	2020年5月17日
游戏背景	每次午点喝完酸奶后就会剩下很多杯子，幼儿就拿着杯子摆弄起来，有的摆成一条线，有的摆成不同的造型，有的把杯子垒起来……保育老师看到他们这么有兴趣，神情这么专注，就冒出了把酸奶杯变成班级独有的建构游戏材料的想法，于是老师把酸奶杯收集起来清洗干净，放在建构区里供小朋友搭建		
游戏过程	今天下午的自主游戏活动，教师提供了许多酸奶杯子，幼儿非常开心地拼搭了起来。过了一会儿，我看见你拼出了一座建筑，我走过去问你："哲哲，你拼的是什么呀？"你响亮地说："我拼的是'天安门'。"可是刚一说完，"天安门"就倒了，发出了"哗"的一声，这时旁边的康康看见了，他也加入并帮着你重新拼出了一座"天安门"，可没多久风又把你们拼好的"天安门"吹倒了，也发出了"哗"的声音。你不解地问："怎么这么容易倒啊？"而这时有更多幼儿听到了声音，一起加入并再次拼搭，拼好之后，你说，你知道怎样拼"天安门"才不会倒了，边说边拿起杯子在最下面开始加固，其他幼儿也跟着一起拼搭并加固，"天安门"变得非常牢固，没有再倒塌。这时我走过去惊讶地说："哇！哲哲好厉害，居然像建筑师一样，懂得如何加固建筑才不容易倒塌。"说完小朋友更有兴趣地拼搭起来		
行为解读	幼儿对酸奶杯搭建活动比较感兴趣，会根据自己的想法进行操作。在拼搭的过程中，哲哲拿酸奶杯进行拼搭，并探索各种拼搭的方法。当自己搭的和同伴一起搭的都倒塌时，他发现在下面加固就没那么容易倒塌了，同时倒塌的声音增加了游戏性，还吸引了其他幼儿的积极参与，大家自然而然地开始了合作游戏，最后他们沉浸在拼搭游戏的乐趣中。哲哲有专注、坚持的优秀品质		

续表

游戏主题	建筑师		
记录人	袁中琴	记录时间	2020年5月17日
教师支持	当游戏中出现问题的时候，教师可以通过引导幼儿增加酸奶杯的搭建厚度或者请玩得较好的哲哲介绍自己的想法和玩法，并对其表示肯定。最后可多提供一些材料，如纸巾筒、益力多瓶子、纸板、易拉罐等。也可以加入积木，让幼儿发现，原来小小的盒子有大大的力量		
游戏亮点	游戏中，幼儿获得了这样的经验： 1. 底层的酸奶杯形态决定了叠高后建筑物的形态。 2. 酸奶杯摆放的时候得靠拢一点，这样才不容易倒下。 3. 幼儿搭建酸奶杯的技能逐渐成熟，有的幼儿甚至探索出了按照规律排列酸奶杯的方法		

搭建城堡

班级姓名	小四班	振轩、小晰	观察时间	2021年4月16日	记录人	谭立香
活动区域	户外操场		活动内容	搭建城堡		
主体材料	易拉罐		辅助材料	无		
我看到了什么	户外活动开始了，幼儿根据自己的想法搭建城堡的围墙。一开始他们是自己搭，搭着搭着两个幼儿的城墙连在了一起，小晰很兴奋地说："这是我们一起搭的哦。"于是两个人商量接下来还要一起搭，还找到各自的好朋友一起来完成这项"大工程"。我看小晰笑得如此灿烂，不禁走过去看。振轩从旁边拿过来一个易拉罐，两个人一起合作，先搭建了一个五层的三角形城堡，在城堡的周围又用易拉罐围了一个圆圈做围墙，把城堡保护起来，完工的时候，两个人互相看了看，又调整了一下围墙后，大声说："耶！看我们的城堡好漂亮。"					
我看懂了什么	幼儿开始有合作意识，会商量和分工合作，自主组队，户外自主活动是一个可以增进幼儿之间情感的游戏，幼儿也可以探索出更新奇的玩法。他们分工合作，主意多多，这是合作精神的良好体现					
我该干什么	作为老师，要积极鼓励与支持幼儿的奇思妙想和大胆尝试。同时在游戏中，教师要引导幼儿主动与他人交流沟通，游戏成为幼儿之间沟通的桥梁，共同探索游戏是让幼儿们更加亲密、和谐的方法					

迷 宫

班级姓名	小一班	泽宁	观察时间	2020年12月29日	记录人	王颖蕾
活动区域	户外建构区		活动内容	迷宫		
主体材料	各种颜色的大纸巾筒		辅助材料	无		

我看到了什么	今天户外活动的时候，操场上响起了动感的音乐。很多幼儿跟随音乐扭动着身体，也有的幼儿手里拿着刚从箱子里取出来的纸巾筒在跳舞。这时，只见泽宁和几个小伙伴拿了很多纸巾筒开始搭建了。他们搭建的是一个三角形的小城墙，每一层都是镂空往上搭的。搭建到十几层的时候，泽宁的手被一个手舞足蹈的幼儿碰了一下，小城墙顷刻之间就倒了。泽宁"啊"了一声，脸气得通红，嘴里嘟囔着："都怪你，都怪你。"这时，我赶紧笑着走过去说："没关系的，他不是故意。老师看到你刚刚搭建的城墙特别美，你一定还有更好的想法。我们再来重新搭建一次吧。"泽宁听了我的话点点头说："好吧，那我再来搭一个不一样的。"说完，他又和小伙伴们讨论，交流想法。这一次，更多的小伙伴参与进来了，他们往更宽广的方向搭建了一座小迷宫。虽然在搭建的过程中也遇到了一些小问题，但泽宁一直认真坚持，始终没有放弃
我看懂了什么	在今天的搭建活动中，由于音乐比较动感，部分幼儿受到了干扰。但泽宁却不受影响，认真地搭建，是注意力集中的表现。当他辛苦搭建的作品被别人不小心弄倒的时候，他开始是有些生气的，但在老师的引导下，他很快调整了自己的状态。他和小伙伴们开始了第二次搭建，这一次他们吸取第一次搭得太高容易倒的教训，往更宽广的地方搭建，搭出了一座小迷宫，给了我们更大的惊喜
我该干什么	今天一开始是因为泽宁认真搭建的样子吸引了我，我一直都特别留意他。所以当他第一次的作品被别人不小心弄倒的时候，我及时安慰和鼓励他。在幼儿需要帮助的时候，老师如果能及时给予帮助，幼儿就会带给我们不一样的惊喜。作为老师，不可以无目的地干预幼儿的活动，只在幼儿最需要帮助的时候及时出现就好

围　城

班级姓名	中五班	钰靖	观察时间	2021年4月28日	记录人	徐万芝
活动区域	操场		活动内容	围城		
主体材料	长纸巾筒		辅助材料	筷子		

我看到了 什么	今天在户外操场进行搭建主题活动"围城"。活动一开始，钰靖首先从箱子里取出了一些长纸巾筒，又拿了一些筷子，开始在地面上摆弄起来。 　　过了一会儿，钰靖把长纸巾筒围成了一个小半圆，她又拿起了筷子，在每个长纸巾筒的洞上面都插上一根筷子，而筷子的另一头又连着另一个纸巾筒，就这样围了一小半圈。 　　就在钰靖搭得起劲的时候，突然倒了一排，钰靖赶紧将它们扶起来，继续装饰着自己搭建的"围城"。 　　过了一会儿，另一个伙伴也加入了钰靖的搭建中，于是两个人一起继续拼搭他们眼中的"围城"
我看懂了 什么	首先，钰靖明确自己的目标是什么，她通过前期的谈话活动，已对围城有了深刻的理解，这时开始搭建也能更好地诠释幼儿自己搭建出来的作品。钰靖对于伙伴的加入很高兴，两个人的合作也很有默契。这次游戏增加了幼儿的合作意识，这一点很不错
我该干什 么	最好的自主是让幼儿自由探索、自己动手发现，真正的学习是让幼儿在玩中学、学中玩。同时，幼儿也可以更好、更轻松地掌握新的知识。 　　建议在后期结束时，增加"分享环节"，既可以让幼儿更加自信，得到教师以及伙伴的认可，又可以达到加深巩固的目的

停车场

班级姓名	大五班	紫怡	观察时间	2021年3月22日	记录人	钟艾琳
活动区域	户外操场		活动内容	停车场		
主体材料	易拉罐、塑料杯		辅助材料	纸板		

我看到了什么	紫怡随手拿起塑料杯开始拼搭，她将塑料杯一个一个立起来，搭到第二层时发现我正拿着手机拍照，马上停止拼搭，还笑着摆了一个pose让我拍，然后又继续拼搭。 我问："紫怡，你搭的是什么啊？"旁边的亦蓝头也不抬地接道："肯定是楼房呗。"紫怡说："不是楼房，是停车场。"亦蓝说："哪有这样的停车场啊，汽车怎么开上去？"紫怡说："我见过这样的停车场，上次我爸爸带我出去时见过。"说着又指着一边说："汽车就是从那里开上去的。" 这时，紫怡已经搭到第四层了，还在极小心地搭着，对我说："我见的是六层的停车场，我也要搭六层，只要桌子不晃就能成功。"巧的是，话刚说完，桌子就被旁边的幼儿不小心轻碰了一下，搭好的便全倒了。 紫怡二话不说又开始重新搭，这时又有几个幼儿坐了下来，材料时不时地晃动，刚搭到第二层就直接倒了。我说："怎样搭才牢固些呢？"紫怡改变了搭法："嗯，我要搭得再牢固些。"她将单块改为加层纸板后继续往上垒高，这样结实多了，紫怡可高兴了
我看懂了什么	紫怡一直非常喜欢搭建游戏，在区域活动中常见到她认真搭建的身影。失败乃成功之母，正因为在搭建中发生的小意外、小插曲，才会让紫怡思考怎么加固自己的停车场，在探索中获取经验，让自己在动手中获得成就感和满足感，使活动的兴趣变得更加浓厚
我该干什么	鼓励支持她动脑思考，询问她解决的办法，支持她的想法和创意，表扬她在失败中没有生气、伤心的情绪，在作品完成后肯定她

户内外游戏主题建构教案

大班主题建构教案：我们的幼儿园

活动一：美丽的幼儿园

一、活动目标

（1）通过"我们的幼儿园"主题建构活动，进一步了解幼儿园里的建筑构造；感知材料的特征、性质，并能根据搭建对象的外形特征，学会正确选择和使用不同类型的建构材料进行搭建。

（2）体验合作搭建、共同解决问题的乐趣，感受成功的喜悦；在游戏中加深对"我们的幼儿园"的热爱之情。

二、活动准备

牛奶盒做的砖块、奶粉桶、泡沫垫、积木、PVC管、动物模型、钢管、各种建构玩具。

三、活动过程

（一）引出主题

（1）教师带领幼儿观看《白雪公主》视频，视频中的皇宫像什么？

（2）教师出示多种城堡图片，找一找城堡有哪些共同的地方？

（3）幼儿讨论搭建幼儿园的步骤，教师做总结。

（二）认识材料

（1）教师出示多种建构材料，询问幼儿认识这些材料吗？

（2）请说出这些材料的名称和它们分别可以用来搭建什么。

（三）设计图纸

（1）从幼儿中推选"设计师"。

（2）幼儿在讨论中设计出"我们的幼儿园"图纸。

（四）幼儿尝试搭建

（1）幼儿分组按照搭建步骤开始搭建。

（2）遇到困难时，师幼讨论并解决。

困难1：幼儿积极搭建时忘记给教室留进出口，导致人员不能正常进出。

解决：从每个教室取出一块砖，作为进出口。

困难2：为二楼铺地板时发现泡沫垫没有支撑物，不能平铺。

解决：发现新的材料"钢管"，可以作为支撑物将泡沫垫平铺。

（3）展示搭建的幼儿园。

（五）搭建更加完美的幼儿园

（1）幼儿讨论还想要为幼儿园搭建什么？（动物园、荷花池）

（2）师幼讨论动物园、荷花池里有什么？

（3）幼儿推选"设计师"并绘出图纸。

（4）师幼分组搭建动物园与荷花池。

（5）师幼合影。

（六）游戏回顾与评价

（1）在搭建过程中都用到了什么材料和方法？

（2）回顾搭建时遇到的困难与解决方法。

（3）如果再搭一次，想要做什么改变呢？

活动二：六一舞台

一、活动目标

（1）在建构游戏中提高幼儿的合作能力，使幼儿体验与同伴合作建构的快乐。

（2）幼儿能根据建构主题制订搭建计划，与同伴分工合作，完成搭建任务。

（3）幼儿能合理利用材料，采用拼、插、搭、围合、连接、平铺等方法建构舞台。

二、活动准备

（1）经验准备：幼儿对舞台有一定的认识，有与同伴合作建构的经验。

（2）物质准备：建构规则展板，舞台造型设计图，椅子造型设计图，舞台设计图，纸、笔、粉笔若干。

三、活动过程

（一）计划与设计

1. 回忆、观察集体设计的搭建计划

教师：上次我们搭建舞台的过程中出现了什么困难？怎么解决的？这次还采用上次的方法解决吗？

2. 分舞台组、椅子组，观察建构材料，讨论搭建任务与建构方法

教师：舞台组需要搭建舞台上、舞台下、背景板、灯柱，你想搭什么？会用什么材料搭？

教师：椅子组需要搭建观众席椅子、候场区椅子，请你想一想，你会搭在哪里？用什么材料搭？

（二）过程与实施

（1）幼儿分工合作，共同完成舞台搭建。

第一组：舞台组。

分工合作：观察运输员运送材料的情况，舞台的连接情况。

建构经验：观察舞台组搭建是否平整、LED背景搭建中PVC管的连接情况、灯柱的搭建造型。

第二组：椅子组。

分工合作：观察两人合作设计的椅子造型、两人分工与合作的搭建情况。

建构经验：观察椅子组是否按计划搭建、椅子与舞台的位置关系是否合适、椅子是否坚固。

（2）幼儿分角色走秀，体验舞台、椅子的搭建情况。

（三）反思与分享

（1）集体总结。

教师：演员们走在舞台上的感觉怎么样，观众席的椅子坐上去感觉怎么样？

教师：幼儿在搭建的过程中是否遇到困难，是如何解决的？

教师：对于本次搭建你是否还有建议？

（2）讨论作品保存的方式。

（3）分类收拾整理材料。

活动三：我心中的小学

一、活动目标

（1）培养幼儿的搭建能力，让幼儿发挥自己的想象力。

（2）幼儿园提前了解小学生活，并把自己想象中的小学搭建出来。

二、活动准备

积木、大小纸巾筒、酸奶杯等材料。

三、活动过程

（一）交流谈话，积累幼儿经验

关于小学，幼儿究竟了解多少？一个围绕"你知道哪些小学""你是怎么知道的呢"的谈话活动打开了幼儿的话匣子，我们一起来听一听幼儿是怎么说的。

（二）参观小学，扩展幼儿经验

通过信息交流的方式，幼儿了解到身边有很多小学，并认识了每所小学的外部结构。由于疫情影响，幼儿无法参观小学，小学到底是什么样子的？有哪些组成部分？这些问题引发了幼儿的思考。通过云参观活动、信息交流方式，幼儿明晰了学校的基本构成。活动结束后纷纷用画笔记录下了自己眼中的小学。

（三）选定图纸，制订小组计划

搭建什么呢？幼儿感兴趣的是操场、体育馆、乒乓球台、大门、教学楼、食堂……和谁搭？在哪里搭？用什么搭？这些都在幼儿的计划中。

（四）小组讨论，初步试建小学

幼儿明确搭建分组后，根据小组搭建的对象进行讨论，在小组长的带领下进一步明晰计划，开始尝试第一次搭建"我心中的小学"。

（五）集体分享，反思回顾问题

通过大家的努力，幼儿初步完成了"我心中的小学"搭建，参观和体验了每个小组的搭建作品。此外，他们对搭建的过程和遇到的困难进行了分享，并提出自己的优化建议。

活动四：幼儿园体能大循环

一、活动目标

（1）激发幼儿对幼儿园体能大循环的兴趣，并搭建出来。

（2）培养幼儿的思维能力和想象力。

二、活动准备

（1）幼儿用的小圈、沙包若干、平衡木四条、小椅子两把、纸箱一个。

（2）欢快的背景音乐（磁带）。

三、活动过程

（1）准备活动：幼儿开始讨论各种器械的搭建。

师幼每人一个圈，教师引导幼儿随音乐一起做操，活动身体的各个关节。

（2）教师指导幼儿先从简单的圆圈开始搭建，如幼儿喜欢的呼啦圈等。

① 请幼儿自由玩圈。说一说教师是怎样玩圈的，并演示玩法。

② 教师鼓励幼儿探索圈的多种玩法，引导幼儿相互学习。

③ 教师引导幼儿合作玩圈。

（3）组织幼儿玩"运粮食"的游戏。

各组幼儿搭建沙包，从起点出发，依次钻过"山洞"，跳过"小土坑"，走过"小桥"，将手中的"粮食"（沙包）送到"粮仓"，然后跑回起点。

（情景：用两把小椅子辅助将圈立起来——山洞，两个圈紧挨着依次摆好——小土坑，平衡木——小桥，纸箱——粮仓）

（4）提醒幼儿听音乐做放松运动。

四、活动延伸

鼓励幼儿探索器械搭建的各种玩法。

大班建构游戏：我的主题公园

活动一：亭子

一、活动目标

（1）幼儿感知亭子的基本结构，能运用线条、形体组合的方法建构表现亭子的基本特征。

（2）幼儿初步尝试与同伴共同建构，感受与同伴共同完成作品的快乐。

二、活动准备

（1）经验准备：幼儿在游玩公园时观察过亭子，收集过不同造型亭子的照片。

（2）物质准备：雪花片、亭子的图片。

三、活动过程

（一）谈话，引起幼儿的兴趣

教师：小朋友，你见过亭子吗？亭子有什么作用？

（二）观察图片，拓展幼儿的思维

教师：亭子是什么样的？由哪几部分组成？这些亭子有什么不一样？（重点观察顶部的不同造型）

（三）幼儿协商分工，教师给予建议

（1）幼儿自由选择同伴，两两合作，教师鼓励个别幼儿积极参与协商分工。

（2）请个别幼儿介绍自己与同伴分工的情况，教师给予建议。

（四）幼儿建构，教师观察指导

（1）观察指导幼儿协商分工，合作建构。

（2）提醒幼儿接插牢固，注意色彩搭配。

（五）评价，总结活动情况

1. 展示作品，师幼共同欣赏建构作品

教师：谁来向大家介绍一下你和小伙伴一起建构的亭子？分别插了亭子的哪个部分？

2. 请幼儿讲述与同伴分工合作的情况，体验合作的好处

教师：你们是怎样分工的？你觉得合作有什么好处？

四、活动延伸

在区域中提供不同形态的亭子、塔楼等图片，引导幼儿继续探索建构，提高表现力和丰富建构经验。

活动二：桥

一、活动目标

（1）幼儿能灵活运用已有的经验，大胆想象、利用生活中的废旧物品进行实验、设计、建造桥。

（2）充分调动幼儿的自主性和参与性，让幼儿在活动中创造性地表现各种桥。

（3）让幼儿感受创造发明的喜悦，体验成功的快乐，学会与别人分享成果。

二、活动准备

（1）幼儿参观过本市各种各样的桥。

（2）与幼儿、家长共同收集有关桥的照片等资料，并悬挂在教室的四周。

（3）幼儿已初步了解了不同的桥的特征，包括悬索桥、斜拉桥、拱桥等。

三、活动过程

（1）教师由猜谜导入活动。

（2）师幼共同参与游戏"走各种各样的小桥"，激发幼儿活动的兴趣和欲望。

（3）教师介绍区域。

（4）幼儿自选区域，进行活动。

（5）幼儿互相交流欣赏，与同伴分享自己的创造成果。

（6）集体评价，幼儿整理操作用具。

活动三：栏杆、花架

一、活动目标

（1）幼儿能与同伴一起进行建构活动，培养幼儿的合作意识和合作能力。

（2）幼儿能爱护玩具，共同爱护建构材料和建构成果。

二、活动准备

启发幼儿花园里有什么设施，如花架、栏杆等。

三、活动过程

（1）谈话导入。

教师：小朋友，在我们的花园四周会围着什么呢？

（2）引导幼儿观看范例，让幼儿了解用什么形状的积木构造，激发幼儿对建构的兴趣。

（3）教师示范建构栏杆、花架的方法。

（4）幼儿分组进行建构，教师提醒幼儿爱护积木，轻拿轻放，使用时拿完一块，再拿一块，要爱护自己和同伴的作品。

（5）教师现场评价作品，幼儿互相参观，表扬认真建构、爱护玩具、有创造性的幼儿。

活动四：我的主题公园

一、活动目标

（1）幼儿熟悉主题公园的基本结构，能运用熟知的搭建方法搭建主题公园。

（2）幼儿乐于想象，有一定的表现力和创造力。

（3）幼儿能介绍合作的作品，体验建构成功的乐趣。

二、活动准备

（1）经验准备：会使用围合、垒高等方法搭建。

（2）物质准备：PPT、方块积木、塑料积木、插塑小人、插塑动物、树木、花草等。

三、活动过程

（一）谈话活动，引导幼儿观察公园的特征

（1）教师：小朋友们，今天老师带来了公园的图片，你们看看公园里都有什么？

（2）通过观察公园图片，引导幼儿了解公园的主要组成部分。

（二）实践活动，体验搭建公园的乐趣

（1）教师：我们有积木、树木、花草、插塑小人、插塑动物等，你们看完公园图片后，可以使用这些材料搭建自己心中的主题公园吗？

（2）教师为幼儿分组，强调活动的规则与秩序。

（3）教师引导幼儿想象心中的公园是什么样的，组员开始商议并大胆表述

自己的想法。

（4）教师分发材料，幼儿商讨、选择组内需要的材料。

（5）组内分工，商量各部分人员的职责和要求。

（6）幼儿合作搭建公园，知道根据要求和大家的意愿合作搭建。

（7）幼儿在搭建过程中，教师巡视进行指导。

（三）鼓励幼儿大胆讲述，介绍自己的主题公园

（1）幼儿搭建完毕，教师巡回检查幼儿的搭建成品。

（2）鼓励幼儿在组内挑选一名幼儿进行分享，并介绍搭建的方法和经过。

（3）活动结束，组员将材料分类，有序整理并归还。

第三篇

幼儿园户内外积木建构游戏一体化创设实践研究

子课题"幼儿园户内外积木建构游戏一体化创设实践研究"结题报告

负责人：东莞市南城金色朝阳幼儿园　谭桂霞

研究小组成员：谭桂霞、王观凤、张青、刘惠兰、黄毓佩、欧阳少娜、崔雪莹、明美燕、刘欢、陈桂花

结题时间：2021年10月

一、课题背景

《幼儿园教育指导纲要（试行）》明确提出："幼儿园应为幼儿提供健康、丰富的生活和活动环境，满足他们多方面发展的需要，使他们在快乐的童年生活中获得有益于身心发展的经验。"幼儿园教育应以游戏为基本活动，促进幼儿富有个性地发展。《幼儿园工作规程》第二十五条指出：游戏是对幼儿进行全面发展教育的重要形式。幼儿园应因地制宜地为幼儿创设游戏条件（时间、空间、材料）。游戏材料应具有多功能和可变性。

建构游戏是一种创造性的游戏，是幼儿根据自己的生活经验，以想象为中心，主动地、创造性地反映周围现实生活的游戏，具有操作性、艺术性、创造性的特点。积木建构游戏是幼儿园最基础的活动之一，它以独特的魅力吸引着不同年龄段的幼儿，因为幼儿对种类繁多、质地多样、可随意变换、反复创建的积木及生活中随处可得的废旧物品等建构材料爱不释手。其中积木是幼儿非常喜爱的一种游戏材料，幼儿在积木建构游戏中既能玩得愉快，又能获得知

识，还能发展创造力，可以说积木建构游戏的好处是多方面的。林燕玲名园长总课题中创造性地提出了"户内外游戏一体化"的理念，依据这个理念，我园开展子课题"户内外积木建构游戏一体化创设实践研究"。通过名园长工作室学（成）员互相交流学习后，我们将"一体"理解为：园内所有的设备、物质、材料、时间等应体现幼儿的需要，巧妙利用幼儿园户内外空间，如楼梯、拐角、走廊、操场等场所，注重材料投放的可操作性、层次性以及教师指导策略。整合考虑户内外游戏环境的创设，将环境、材料的作用归到促进幼儿经验获取上。也就是说，把室内活动区积木建构游戏延伸到户外，并结合户外特点进行设置，使幼儿获得更加丰富的直接经验，从而达到户内外积木建构游戏互相结合、相辅相成、互相补充的目的。

二、理论依据及意义

创设良好的教育环境，促进幼儿的全面发展，是幼儿园教育的一项基本原则，也是一个长期任务。《幼儿园教育指导纲要（试行）》中明确指出：幼儿园应为幼儿提供健康、丰富的生活和活动环境，满足他们多方面发展的需求，使他们在快乐的童年生活中获得有益于身心发展的经验。我们现在的幼儿教育不但关注各个年龄阶段幼儿共同发展的轨迹，而且更多地关注幼儿的个体发展，提倡为幼儿提供开放、丰富多样的环境，允许幼儿自由选择、自主学习。积木建构游戏是幼儿利用各种积木建构材料，通过思维和创作来反映现实生活的游戏，它融操作性、艺术性、创造性为一体。通过积木建构游戏，不仅能丰富幼儿的感知和主观体验，发展幼儿的动手操作能力和建构技能，更重要的是能使幼儿在协商、谦让、交换的游戏氛围中学会分享与合作，尝试开拓与创新，体验成功与挫折。在积木建构游戏中，幼儿更加自信，愿意大胆表现，敢于想象创造。同时，该游戏促进了幼儿的发展，从而实现幼儿个性、和谐、全面地发展。

不断推广积木建构游戏活动，不断吸引幼儿主动参与，并提高他们参与活动的积极性，同时他们也在随心所欲的环境中体验到自由的快乐和创造的乐趣，从而提高他们的想象力和合作能力。

三、研究课题的目标、进度、内容、方法、步骤及过程

（一）研究课题的目标

（1）根据幼儿的年龄特点，探索幼儿感兴趣的、适宜的户内外积木建构游戏。

（2）通过户内外各种积木建构游戏激发幼儿对建构游戏的兴趣，提升幼儿建构游戏的能力和水平，促进幼儿在游戏中更好地获得知识、技能、情感、态度等方面的综合发展。

（3）增强教师研究幼儿的意识，促使教师深入细致地观察幼儿、研究幼儿，提高教师从幼儿成长需要出发设计与组织积木建构游戏的能力，提升教师的专业素质。

（4）充分利用幼儿园的有限场地，创设适宜的室内外积木建构游戏环境，让游戏环境相互补充、延伸。

（5）通过户内外积木建构游戏，让幼儿感受到游戏的快乐，并在游戏中探索建构材料投放的有效性，以提高幼儿的创造力和自主学习能力。

（二）研究课题的进度

1. 准备阶段

（1）结合林燕玲名园长工作室总课题、总目标，根据我园实际情况讨论本园子课题的实施方案，并成立本园子课题实施研究小组和课题领导小组。

（2）组织本园课题组成员收集有关户内外建构游戏的相关资料，学习幼儿积木建构游戏的相关知识和理论，制订子课题"幼儿园户内外积木建构游戏一体化创设实践研究"实施方案。

2. 研究阶段

（1）创设幼儿园良好的户内外积木建构活动环境，研究幼儿园户内外场地的设置与材料的有效投放。

（2）研究幼儿园户内外积木建构游戏活动的案例。

（3）研究户内外积木建构游戏一体化的策略和方法，以及教师在游戏中有效的组织方法、观察方法、评价方法。

（4）研究评价幼儿在户内外积木建构游戏中表现和发展水平策略。

（5）整理过程性资料。

3. 总结阶段

（1）对整个子课题研讨过程的资料、信息、音像等进行综合、归纳、概括和总结。

（2）提炼汇编"幼儿园户内外积木建构游戏一体化"的案例集，编写《幼儿园户内外积木建构游戏案例集》《幼儿园户内外建构游戏教案集》《幼儿园户内外建构游戏论文集》《幼儿园户内外建构游戏园本教研集》等。

（三）研究课题的内容

（1）确立户内外积木建构游戏的材料和积木建构游戏的主题内容。

（2）如何科学、合理地划分幼儿园室内外积木建构游戏区域。

（3）在幼儿园户内外积木建构游戏过程中，教师对幼儿观察与指导的策略和方法。

（4）户内外积木建构游戏材料投放的有效性与策略。

（5）户内外积木建构游戏一体化的策略和方法，以及教师在游戏中有效的组织方法、观察方法、评价方法。

（四）研究课题的方法

本课题研究主要采用以下四种方法。

（1）讨论法。通过讨论制定和确定中、大班幼儿进行户内外积木建构游戏的目标及内容、材料。

（2）观察法。在幼儿自主建构游戏中，教师能够有目的、有计划地对幼儿的行为进行观察、分析，跟踪记录幼儿建构游戏中的表现（动作、情绪、认知、兴趣等），并进行分析。

（3）行动研究法。教师针对幼儿建构活动中的问题不断提出改进建构游戏的策略和方法，用以改善建构游戏材料投放的有效性，以提高幼儿对建构游戏的兴趣。

（4）文献分析法。学习和借鉴他人在开展幼儿建构游戏活动时好的经验与方法。

（五）研究课题的步骤与过程

第一阶段：准备阶段

1. 开展文献研究，学习相关理论

（1）收集与课题相关的理论、书籍和信息资料，为本课题研究提供帮助与借鉴。

（2）成立课题研究小组，组织课题组成员学习对本课题有指导和借鉴作用的理论，厘清研究思路。

2. 分析各年龄段幼儿参与的积木建构游戏的种类和特征

（1）通过收集资料，讨论分析积木建构游戏的种类和特征。

（2）研究课题的具体步骤如下。

① 课题组成员根据年级组的研究分工，制订年级组积木建构游戏的研究计划和内容。

② 分析积木建构游戏的种类和特征，通过园本教研活动写好教研研讨分析记录。

③ 定期与他人经验交流、分享和分析存在的问题。

3. 做好子课题的常规管理

（1）每个课题研究成员本学期至少撰写2篇积木建构游戏研究案例。

（2）每周或每月开展1~2次积木建构游戏主题研讨活动。

（3）每月分年级进行一次幼儿积木建构游戏主题观摩分享活动。

（4）课题研究成员组织一次积木建构主题教研活动或展示一次优秀幼儿积木建构游戏主题活动。

第二阶段：实施阶段（一）

1. 加强理论学习和研训活动，强化教师创新意识

本学期，我们将继续坚持每月开展一次课题组活动，在活动中开展有针对性的理论学习，为课题研究打开思路。另外，针对本学期的课题研究重点，我们将针对"提炼课题研究成果""撰写游戏案例"和"课题研究中的问题分析总结"等展开学习与讨论，为顺利结题做好理论支撑，让教师更加有效地收集和整理课题研究成果。

2. 开展多形式的观摩研讨活动，在反思中总结经验

继续组织开展"积木建构区域观摩"和"一课多研"等观摩研讨活动，针对上学期出现的"小、中、大班积木建构活动目标的层次性""案例观察记录中幼儿动手操作能力表现的成因分析"等问题开展有针对性、有主题的研讨活动，注重观察教师提供的材料、语言指导和评价方法的研讨，反思教师的教育行为，注重对教师建构游戏评价方法的研讨，形成激发幼儿创新智慧的评价方法。

3. 采用科学的研究方法，做好课题的验证和总结工作

（1）收集整理幼儿建构游戏个案观察表，并针对表格的适宜性进行分析调整。

（2）从幼儿建构的兴趣、建构的自主性、建构材料的使用、解决问题的能力和作品的表现等方面对幼儿进行测查与分析，并对比分析前期测查结果，总结课题研究成效。

（3）运用经验总结法，总结建构区域环境观摩活动，从空间的设置、时间的提供、材料的投放、规则的设定、图示的提供等物质环境方面进行总结；对教师的组织形式、指导语言、师幼互动等心理环境的创设进行细致的分析，总结构建环境创设的方法。

第三阶段：实施阶段（二）

1. 继续加强理论学习和研训活动，强化教师创新意识

继续坚持每月开展一次课题组活动，在活动中开展有针对性的理论学习，为课题研究打开思路。针对"提炼课题研究成果""案例分析总结"和"课题研究中的主题作品分析"等方面开展学习与讨论，为顺利结题做好理论支撑，让教师更加有效地收集和整理课题研究成果。

2. 继续组织开展多形式的观摩研讨活动

针对上学期出现的"小、中、大班积木建构活动目标的层次性""案例观察记录中幼儿动手操作能力表现的成因分析"等问题开展有针对性、有主题的研讨活动，注重观察教师提供的材料、语言指导和评价方法的研讨，反思教师的教育行为，注重对教师建构游戏评价方法的研讨，形成激发幼儿创新智慧的评价方法。

第四阶段：总结阶段

1. 针对问题展开讨论

针对"提炼课题研究成果""案例分析总结"和"课题研究中的主题作品分析"等问题展开学习与讨论，为顺利结题做好理论支撑，让教师更加有效地收集和整理课题研究成果。

2. 做好课题的验证和总结工作

（1）运用经验总结法，总结积木建构区域环境观摩活动，从空间的设置、时间的提供、材料的投放、规则的设定、图示的提供等物质环境方面进行总结；对教师的组织形式、指导语言、师幼互动等心理环境的创设进行细致的分析，总结构建环境创设的方法。

（2）重点梳理"小、中、大班积木建构活动的目标、环境创设、教师的指导策略"，针对各年龄段幼儿的特点，注重目标、环境、教师指导的层次性和发展性提升方案的可操作性。

3. 收集整理

收集整理积木建构游戏幼儿活动的图片和视频，幼儿积木建构主题成果的图片和视频，形成《幼儿积木建构游戏活动案例集》《教师开展积木建构游戏活动的论文集》等。

4. 撰写报告

收集整理各类资料，撰写"幼儿园户内外积木建构游戏一体化创设实践研究"结题报告。

（六）研究课题的结果与成效

（1）积木建构游戏活动为幼儿的自主化学习和探索提供了一个很好的途径，通过一学期的建构游戏活动的研究，我们惊喜地发现幼儿变了，变得会友好合作、动手探索、表达自我；老师也变了，变得更懂得放手、观察幼儿，更懂得以集体的智慧提高教育教学的质量。我们发现，只要树立正确的自主区域活动观念，把户内外区域活动作为促进幼儿全面发展的基本活动，不断开拓活动空间，丰富幼儿区域操作材料，解放幼儿，才能让幼儿在玩中求发展，才能发挥幼儿园户内外区域活动的实效性，才能使幼儿园户内外每个区域活起来。让幼儿园户内外游戏活动一体化，促进幼儿多元智能的发展和提高，不再是一句空话，而是让幼儿在自由选择、自主探索中得到真正的发展。

（2）在积木建构游戏活动中，教师必须重视培养幼儿的兴趣和友好合作的能力，鼓励幼儿积极探索，帮助幼儿建立规则意识。

常规方面：

让幼儿学习自上而下收拾整理材料，并将积木按标记放到收纳柜中，摆到架子上，尽量不发出声音。多让幼儿参与讲评，逐渐引导他们说出建构物是怎样搭成的，用了什么建构方法，比较建构物的异同；教师讲评时要有侧重点，时间不宜太久。此外，我们还让全体幼儿用"送红花"投票的方式选出自己最喜欢的作品，谁的红花多，谁就是小冠军。

幼儿成长方面：

第一，玩是幼儿的天性。幼儿在玩中学习了知识与技能，在玩中发展了智力，在玩中培养了规则意识和情感，在玩中学会了与他人交往合作。著名心理学家皮亚杰认为，儿童就是在主客体和内外因相互作用的基础上，通过不断建构实现智力发展的。通过观察我们发现，在积木建构活动中，幼儿参与的积极性特别高，他们能积极动手动脑，大胆创作，实现了"玩中学、学中玩"，并通过户内区域建构学习活动，延伸到户外操场，进行大型积木搭建游戏。这样更好地促进了幼儿自主、自由、快乐、自然、健康成长。幼儿变得更会共同合作探索、更会表达自己，动手操作能力更是进一步提高了，还学会了分类收拾、整理自己的用品，懂得自己的事情自己做。积木建构游戏活动，让幼儿多动手、会思考，不仅促进了幼儿动手能力和思维能力的协调发展，而且有效培养了幼儿良好的行为习惯，让幼儿养成积极主动、认真细致、不怕困难的优良品质，对幼儿的终身发展具有极其重要的意义。

第二，通过幼儿园户内外建构游戏活动的推广，在活动中不断激发幼儿主动参与活动的积极性，幼儿就在这样随心所欲的环境中体验到了自由建构的快乐和创造的乐趣，从而也提高了幼儿的想象力和合作能力。在操作过程中变得更聪明、更自信、更大胆。积木建构游戏活动从小培养了幼儿动手能力，不仅让幼儿获得表现自己创造力的机会，还使他对自己的聪明才智产生足够的信心，养成敢说敢做的精神和坚持到底的顽强意志。

第三，在积木建构游戏活动中，通过教师的鼓励、指导，幼儿遇到问题学会了通过自己的思考获得答案。在幼儿园里，由于教师的引导、要求，许多幼儿的动手能力和自理能力都提升了；教师还要与家长沟通，让家长明白在家中有更多提升幼儿动手能力的好机会，家长要有耐心，为幼儿提供动手的机会，如吃饭时幼儿可帮妈妈分发碗筷，可帮妈妈择菜，可帮妈妈打扫房间等。只有家庭教育与幼儿园教育相结合，才能更好地提高幼儿的动手操作能力。将教育融入家庭，再充分利用家庭这一资源，让幼儿的小手动起来。

第四，通过积木构建游戏活动，促进幼儿动手能力和多元智能的发展是我们课题研究重要的内容，对幼儿全面、和谐的发展具有深远的意义。培养幼儿动手操作能力的关键在于教师要充分尊重幼儿发展的权利，理解和重视幼儿发展的需求，让幼儿在做中学、玩中学，在做中求进步。同时，在积木建构游戏中发展幼儿的语言智能，如幼儿在和同伴的合作中相互沟通可以讲述自己的建构历程，评价他人的作品等。在积木建构游戏中可以发展幼儿的数理逻辑智能，如认识积木的形状，大小和图形组合，计数积木的数量，做造型时考虑和运用对称的方法装饰，估算和测量等。在积木建构游戏中可以发展幼儿的空间智能，如画设计图，并根据设计图进行建构、方位感知等。在积木建构游戏中可以发展幼儿的身体运动智能，如搬运建构游戏材料、堆叠材料、拼插搭建材料等。在积木建构游戏中可以发展幼儿的艺术智能，如画设计图，选择和使用建构游戏材料进行造型，运用多种技能组合完成各种造型，分享、欣赏彼此的作品等。在积木建构游戏中可以发展幼儿的人际智能，如和同伴沟通、设计建构内容、分工合作、谦让尊重等。在积木建构游戏中可以发展幼儿的内省智能，如在游戏中得到认可，树立自信，产生成就感，养成克服困难、坚持到底的品质等。

教师提升方面：

第一，通过课题研究，教师的教育观念更新了，创新能力提高了。在户内外积木建构游戏活动中，教师不断地开拓活动空间、丰富建构材料。解放幼儿，让幼儿在玩中学习、玩中求发展。学会放手、学会观察幼儿，让幼儿在自由选择、自主探索中得到真正的发展。

第二，通过积木建构游戏活动，加深了教师对建构环境内涵的理解，而且教师与幼儿的关系也更融洽了。活动中老师扮演朋友的角色，让幼儿更加喜欢老师。

第三，通过两年的积木建构游戏活动的研究，教师们学会了像备课一样做教研，变得更聪明能干，更懂得以集体的智慧提高教育教学的质量；学会了相互合作、融洽相处、彼此分享；学会了有效地管理教学用具，不再像以前那样毫无头绪，害怕使用教学用具，担心不正确地使用积木玩具会让幼儿受伤；学会了科学管理，提高了自身的理论水平和实践能力。

第四，通过课题研究，教师们明白了在积木建构游戏活动中应该给予幼儿帮助，但不是幼儿一有要求就帮，这样的教师算不上好教师，当幼儿发出请求时，教师应先判断幼儿是不是真正需要帮助，是不是真的遇到了难题，教师可以先鼓励幼儿"你再试一试""你能够做到的"。许多情况下，通过教师的鼓励，幼儿只需要稍加努力，问题就会自行解决。当仔细观察后发现，幼儿确实遇到了难题，也不必急于将结果告诉他，而应该指导他通过自己的思考来获得答案，教师的语言指导可以多一些，动手的机会应多留给幼儿。

幼儿园发展方面：

从2019年11月开始，我们根据林燕玲名园长工作室的要求，制订了我园"户内外积木建构游戏一体化创设实践研究"子课题的方案。结合我园子课题研究方案的目标和内容，我们先从创设和准备材料入手，再组织全体教师认识积木和研究积木的搭建技巧与方法，学习书本知识，以别人的建构游戏案例为参考。教师们从幼儿的兴趣爱好出发，通过收集幼儿的意见和教研活动，研讨生成年级每月的积木建构主题案例，并由年级长编写成可操作的教案和案例。经过积木建构游戏课题的深入开展，教师和幼儿自己动手动脑拼搭积木，研发出了我园的特色课程"创意拼搭"教案和幼儿操作练习手册，并形成特色教育课程。最后还把每月的积木建构游戏活动与角色游戏相结合，让户内外积木建构游戏活动向多样化和多元化发展。

在每一次建构游戏活动中，教师通过观察鼓励、引导暗示幼儿发现问题、解决问题，让幼儿一步步发散自己的思维，开展富有创造力和组织合作协调能力的游戏。幼儿通过一次次的实践操作活动，最终完整地完成自己和伙伴合作的作品。教师们也在幼儿建构游戏活动中学会了如何观察和引导幼儿。在每周的教研活动中教师们提出问题，大家一起讨论，找出解决问题的方法。在下次幼儿建构游戏活动中，我们再去尝试实践新的搭建方法，以及再次总结幼儿在搭建活动中存在的问题。经过反复地尝试实践—观察记录—提出问题—教研讨论—再次实践—最后发展，提升了幼儿各方面建构的能力和水平。同时，通过子课题的深入开展，教师和幼儿的综合能力得到了提升。生成了我园的户内外积木建构游戏案例集，以及形成了"创意拼搭"特色课程，真正向"以研促教，以研兴园，以研强园"的办学道路迈出了一大步。

我园通过"户内外积木建构游戏一体化创设实践研究"子课题教研活动大大提高了教师对课题研究的意识和教研能力。同时也让幼儿在自主、快乐的建构游戏中各方面综合能力得到了提升。

（七）研究课题存在的问题及解决办法

1. 存在的问题

（1）教师们都特别勤快，幼儿一问，教师就跑过去帮忙，导致部分幼儿不爱思考，总是问教师怎么做；还有个别幼儿不喜欢自己动手建构，总是要教师手把手地教。

（2）部分教师喜欢"按书搬教"，对实施创新教育重视程度不够，缺乏创新意识，缺少凸显自己独特个性的教学风格和特色，保守求稳。而且大部分幼儿缺乏创新力，喜欢模仿教师的作品。

（3）教师能观察到幼儿建构的兴趣，发现幼儿在游戏中存在的困惑和问题，意识到要进行相应的指导和引导，但是由于对幼儿身心发展的规律知识储备不够，教师对幼儿当前行为表现的分析和判断不正确，导致不能采取有效的、适宜的指导。

2. 解决办法

（1）幼儿在游戏中遇到困难时，教师不要把现成的答案告诉幼儿，而是要引导幼儿根据游戏意图积极动脑，解决问题，如幼儿用积木搭拱桥，搭好一段后遇到了困难：怎样搭拐弯处呢？教师没有提供制作材料，也不介绍制作方法，而是鼓励幼儿自己动脑创造发明。于是，幼儿将造房子的经验迁移过来，先将一块弧形的积木放在拐弯处，再进行搭建。在游戏缺少新意、停滞不前时，教师可提出问题为幼儿增加一定难度。每次活动结束前，我们都带领幼儿参观其他幼儿的作品，相互讲述自己拼搭的造型，说说自己运用的辅助材料，教师对幼儿的表现要给予表扬和肯定，这样可以让幼儿体会到成功的喜悦，提高幼儿的积极性。

（2）在课题教研活动中，我们鼓励教师大胆创新，勇于彰显自己的特长和独特个性，鼓励教师创造性地开展教育教学，进行有效的创新教学活动。由于幼儿年龄小，想象受生活经验的限制，喜欢模仿教师的作品，有的幼儿几乎没有创造想象，有的幼儿缺乏自信心，不敢动手，不敢表达自己所想的东西。我们认为，要想解决这些问题，就需要家长和教师在日常生活中帮助幼儿积累生活经验，开阔幼儿的眼界，注重幼儿发散性思维的培养，激发幼儿的创造性思维，运用各种不同的方法、手段激发幼儿的创造力和想象力。

（3）从建构游戏教育价值的分析中，我们可以发现，材料的运用、建构形式、主题目的性、情绪专注力、社会性水平、创造表现力、游戏常规等均可作为教师指导建构游戏的内容。教师要善于利用游戏中出现的问题，灵活运用平行指导法、经验分享等策略，丰富幼儿的经验，提升幼儿解决问题的能力。建构游戏的指导方法要结合游戏的特点，更要关注幼儿在游戏中的表现和发展。教师的指导既要结合游戏的情境和主题，更要符合不同幼儿的特点。有效的指导策略，一方面推动了游戏的深入开展，提高了幼儿的游戏水平；另一方面也反映了教师对于教学方法、技能灵活掌握的情况，体现了教师的专业化发展水平。在以后的建构活动中，我们还要不断探索，寻求方法，给予幼儿更大更多的自由活动空间和时间，让幼儿大胆想象、操作、嬉戏，积极参与游戏活动，促使幼儿身心和谐健康地发展。

在今后我园的户内外建构游戏活动中，我们还要不断地探索丰富的活动内容和形式，满足幼儿的兴趣和需要，还要继续有目的地提升幼儿的主体地位，以幼儿为中心，通过各种手段来实施教育，不断促进幼儿动手能力和多元智能的发展。

教研活动方案及活动记录（节选）

大班建构积木活动主题教研活动

级部：大班级

教研时间：2021年3月11日		教研地点：小C班	主持人：刘惠兰
教研模式：区域教研		研讨方式：教研小组	记录人：刘欢
参与教研人员：刘惠兰、陈伟怡、张月娇、李诗雅、王春容、刘欢、刘晓琳、张嘉欣			
教研背景：有一天，听见几个小女孩在讨论城堡，说："好想住在一座美丽的城堡里，成为一名美丽的公主。"这时我问班里的幼儿想住在城堡里面吗？幼儿听到这个问题都很开心地说想住在城堡里，这时有一个幼儿说："老师，我们搭一个城堡好不好。"幼儿们一听，都想搭一个自己喜欢的城堡，为此我们大班级展开了建构"城堡"这一主题活动			
教研主题：大班建构积木活动主题教研活动			
教研目标： 　　1.通过小组教研开展区域活动，教师要掌握区域教研活动该如何引导。 　　2.确立新学期建构积木活动的新主题，清楚如何引导幼儿在区域活动中正确使用操作材料和技能			
教研准备：音乐、积木、图片			
教研过程（主要流程）： 一、热身小律动《加加油》 二、全体成员讨论，班上幼儿对什么事物感兴趣 　　1.确立新学期建构积木活动的新主题。 　　2.探讨建构积木活动新主题的一些常用技能。			

教研时间：2021年3月11日	教研地点：小C班	主持人：刘惠兰
教研模式：区域教研	研讨方式：教研小组	记录人：刘欢

3. 成员们动手发掘其他可以用到的新技能。

4. 引导幼儿参与建构活动，人员合理分配。

5. 分组搭建"城堡"主题，注意人员的分配和在搭建时保护好作品。

附：教研活动照片（下图）

三、活动总结：副组长总结今天的教研内容和成果，肯定成员们的智慧之作

四、全体成员跳放松律动《星星的眼睛》，结束今天的教研活动

教研成果：通过教研探讨后，确定了建构活动的新主题，讨论出了搭建城堡需要用到哪些技能，在户内外如何引导幼儿开展活动

教研实效评价：通过讨论教研讨论区域活动是如何实践，怎样开展的，每位教师都分享了自己的方法。教师主动发言，提出问题，解决问题

"创意拼搭"主题教研活动

级部：中班级

教研时间：2021年4月8日	教研地点：小B班	主持人：明美燕
教研模式：积木拼搭教研	研讨方式：教研小组	记录人：陈桂花

参与教研人员：明美燕、陈桂花、欧阳少娜、崔雪莹、李彩云、黄毓佩、黄锦婷、蔡童珍、姚杏芳

教研背景：在开展积木建构游戏活动中，大部分教师都知道如何组织开展好幼儿积木建构游戏活动。为了使教师更好地掌握积木建构材料的使用方法和技能，提升其对积木建构游戏的指导能力，同时推进建构游戏开展的有效性，中班级开展了"创意拼搭"主题教研活动，使建构游戏真正成为幼儿喜爱并能有效促进幼儿学习与发展的游戏

教研主题：中班积木建构"创意拼搭"主题教研活动

教研目标：通过开展教研活动，探讨"创意拼搭"建构积木的方法

教研准备：音乐、积木

教研过程（主要流程）：

一、热身律动《竹兜欢乐跳》

二、讨论积木创意拼搭及方法

  1. 大家讨论自己要拼搭的图形是什么？

  2. 各自构图拼搭。

  3. 开始动手拼搭，并介绍自己的操作方法。

  4. 说一说用了哪些积木。

  5. 拍照记录拼搭图片，各自做好电子档。

三、级部讨论中班幼儿（1月份）建构积木主题

  1. 需要什么主题？

  2. 如何根据班上幼儿的兴趣确定下月的主题？

  3. 在班上了解幼儿的兴趣，级部再做总结。

教研时间：2021年4月8日	教研地点：小B班	主持人：明美燕
教研模式：积木拼搭教研	研讨方式：教研小组	记录人：陈桂花

四、总结本次活动教研，副组长做好记录

教研成果（下图）

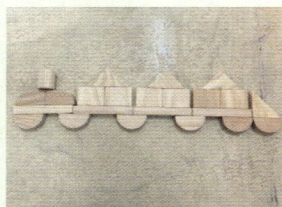

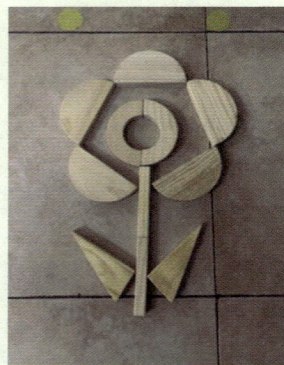

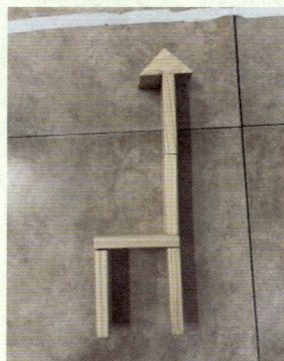

教研实效评价：

李彩云：拼搭了"小火车"，运用了对称、间隔、架空、排列、垒高的建构技能方法。

黄锦婷：拼搭了"稻草人"，运用对称、延长的建构技能方法。

姚杏芳：拼搭了"小货车"，运用了架高、延长、对称的建构技能方法。

陈桂花：拼搭了"小美女"，运用了对称、架空的建构技能方法。

蔡童珍：拼搭了"一朵美丽的小花"，运用了围合、延长的技能方法。

欧阳少娜：拼搭了"一只长颈鹿"，运用了垒高、架空等技能方法。

崔雪莹：拼搭了"一棵松树"，运用了延长等技能方法。

黄毓佩：拼搭了"小汽车"，运用了延长、积木简单组合建构技能方法。

明美燕：拼搭了"一只狐狸"，运用了对称、排列等技能方法

积木建构"凉亭"主题研讨

级部：小班级

教研时间：2021年5月13日	教研地点：小D班	主持人：姚菁萍、谭锦雅
教研模式：小组教研	研讨方式：小组	记录人：谭锦雅

参与教研人员：谭锦雅、庞依玲、姚菁萍、梁水仙、张焕怡、姚杏芳、黄馨婵、杨思诗、郭云
教研背景：因为要开展5～6月建构积木主题活动，所以，我们小班级开展了"凉亭"主题建构活动及教研
教研主题：小班积木建构"凉亭"主题研讨
教研目标： 　　1.小班级教师统一研讨幼儿搭建的主题，决定后讨论技能与技巧。 　　2.按幼儿的兴趣确定搭建主题
教研准备：图片、音乐、积木
教研过程（主要流程）： 一、热身运动《切土豆》 二、讨论幼儿户内外积木建构主题 三、了解凉亭的结构：底座、柱子、顶、飞檐 　　1.课程准备：凉亭图片。 　　2.讨论凉亭的搭法：平铺、延长、架空、对称、围合等。 　　3.辅助材料：大树、小鸟、人等。 四、引导组员分组开展"凉亭"的搭建活动 五、欣赏作品，集体拍照留念 六、总结"凉亭"采用的搭建技能和方法，每个组员说说自己采用的方法和运用的技能

教研时间：2021年5月13日	教研地点：小D班	主持人：姚菁萍、谭锦雅
教研模式：小组教研	研讨方式：小组	记录人：谭锦雅

教研成果：

通过教研探讨研究，教师对凉亭的搭建技能和方法有了一定的认识，教师也很积极地动手搭建凉亭

教研实效评价：

庞依玲：运用平铺的建构技能搭建出凉亭的底座。

黄馨婵：运用对称的建构技能搭建出凉亭的顶。

杨思诗：运用盖顶的建构技能搭建出凉亭的顶。

梁水仙：运用组合的技能搭建出凉亭的过道。

张焕怡：运用多种积木来装饰凉亭。

姚杏芳：将圆柱形放在四周作为凉亭的柱子。

谭锦雅：添加了一些大树、小鸟等辅助材料，使凉亭更有特色。

郭云：将三角形和小曲面的积木很好地进行了组合

引导幼儿建构积木活动

级部：中班级

教研时间：2021年5月13日	教研地点：小B班	主持人：欧阳少娜
教研模式：小组教研	研讨方式：小组	记录人：崔雪莹

参与教研人员：明美燕、陈桂花、欧阳少娜、黄毓佩、崔雪莹、蔡童珍、李彩云、黄锦婷

教研背景：因为要确定建构积木5~6月主题，所以研讨幼儿建构积木的主题

教研主题：引导幼儿建构积木活动

教研目标：
　　1.中班级教师统一研讨幼儿建构主题，决定后讨论技能与技巧。
　　2.按幼儿的兴趣确定建构主题

教研准备：音乐、积木、图片

教研过程（主要流程）：
一、律动《棒棒糖》
二、讨论本月幼儿户内外建构积木主题
　　建构是幼儿自发性的、感兴趣的，因此，确定本月建构积木主题——古桥。
三、讨论建构技能及辅助材料
　　1.技能：平铺、延长、加宽、实心搭层、空心搭层、架空、盖顶、对称、间隔排列、规则排列、复杂组合等。
　　2.辅助材料：鱼、荷花、石头、荷叶、树木等

教研时间：2021年5月13日		教研地点：小B班	主持人：欧阳少娜
教研模式：小组教研	研讨方式：小组		记录人：崔雪莹

教研成果（下图）

教研实效评价：

黄毓佩：运用架空、盖顶的建构技能搭建出由一个亭子构成的亭桥。

崔雪莹：上下桥有台阶，还在边上设计了一个小半圆的扶手。

欧阳少娜：运用延长的建构技能搭建出桥面。

蔡童珍：运用复杂组合的建构技能搭建出凉亭。

李彩云：加上辅助材料会更完美。

陈桂花：运用间隔排列的建构技能搭建出扶手。

黄锦婷：运用空心搭层的建构技能搭建出楼梯

积木建构活动教案

古　桥

一、活动目标

（1）幼儿欣赏图片、了解亭桥的基本结构。

（2）幼儿比较小桥与亭桥的不同，运用多种建构技能表现不同式样的亭桥。

（3）幼儿能与同伴商量亭桥的搭建顺序，并将其搭建整齐。

二、活动准备

（1）物质准备：搭建过的小桥的图片，各种亭桥的图片，各类积木。

（2）经验准备：幼儿建构过小桥和亭桥，对其基本构造比较熟悉。

三、重点和难点

重点：幼儿了解亭桥的基本结构，运用多种建构技能搭建亭桥。

难点：幼儿组合使用多种积木，表现不同式样的亭桥。

四、活动过程

（一）欣赏一张亭桥图片（一座亭子），了解其外形特征

1. 出示图片

教师：你们见过这种桥吗？这是什么桥？（亭桥）它为什么叫亭桥？（上面有亭子的桥）

2. 讨论亭桥的基本组成部分

教师：亭桥由哪几部分组成？（桥墩、桥面、引桥、亭子）亭子在桥的哪里？（桥的正中间）

（二）看图片，比较小桥与亭桥的不同

（1）教师：我们以前搭建的小桥，和亭桥有什么相同的地方？有什么不同的地方？（亭桥桥面较宽，上面有亭子，小桥没有亭子）

（2）出示多张不同式样的亭桥图片。

教师：这些亭桥都一样吗？哪里不一样？（亭子的造型、亭子的数量）

（三）讨论亭桥的搭建方法

（1）教师：我们搭建亭桥的时候，应该先搭哪里，再搭哪里？（先搭好小桥，再在小桥上搭亭子）

（2）教师：搭建亭桥的时候要注意什么？（搭建不同造型的亭子及亭子在桥上的位置，要注意对称、桥面要宽等）

（3）教师：和同伴合作建构时，遇到困难怎么办呢？（遇到困难一起商量，解决困难，按顺序建构）

（四）幼儿参与搭建游戏，教师指导

重点指导幼儿搭建出亭桥的基本结构，并能搭建整齐。

五、活动小结

（一）欣赏与交流

（1）教师从幼儿是否表现出了亭桥的外形特征来评价。

（2）教师：你们搭建的亭桥牢固吗？积木对整齐了吗？如果很安全，带小人偶走一走、逛一逛。

（二）教师做总结

（略）

六、活动结束

教师组织幼儿收拾积木并分类摆放。

城　堡

一、活动目标

（1）幼儿在会搭小房子的基础上了解城堡的基本结构。

（2）幼儿能运用架空、盖顶的建构技能搭建城堡，并注意城堡的牢固性。

（3）幼儿愿意与同伴商量，初步尝试两两合作搭建城堡。

二、活动准备

城堡图片，活动空间约60平方米，每人平均3.5平方米左右（分组游戏）。

三、重点和难点

重点：使幼儿学会用架空、盖顶的建构技能搭建城堡，并注意城堡的牢固性。

难点：使幼儿学会与同伴商量，初步尝试合作搭建城堡。

四、活动过程

（一）看图片，了解城堡的结构特点

（1）教师：假期时许多小朋友和爸爸妈妈外出旅游，看见了许多漂亮的城堡，我们一起来分享一下吧。

（2）观察城堡图片。

教师出示图片。

教师：城堡和房子有什么不一样吗？有二层、三层的，有大的，有小的。它们都有哪些不一样的地方呢？（门、窗、墙、盖顶）

（二）讨论城堡的搭建方法

（1）教师：如果让你来搭城堡建，你会从哪里开始盖呢？

（2）教师：怎样搭建才能让城堡更加稳固呢？（积木对整齐，地基要打牢）

（三）幼儿尝试搭城堡

1. 幼儿自由搭建

教师：我们都来当小小建筑师，每个人都试着搭一座城堡，好吗？

2. 分享增强牢固性的方法

教师：你觉得城堡固定吗？为什么？（每块积木都搭得非常整齐，上下的柱子都在一条线上，很牢固）

（四）讨论合作的方法

（1）教师：刚才是一个人搭的，你觉得怎么样？（要花很长时间）怎样才能搭得快一点？（合作搭建可以搭得更快一些）

（2）教师：那可以怎样合作呢？（商量，可搭建不同的地方或者共同搭一个地方）

（五）幼儿合作进行建构游戏

教师：下面两人合作共同搭建一座再大一些的城堡，一定要很牢固哦！

（六）师幼共同欣赏作品

教师：你觉得哪个城堡最漂亮，为什么？谁愿意来介绍一下你们是怎样合作的？我们去请好朋友来参观一下我们的城堡吧！

（七）总结

（略）

飞 机

一、活动目标

（1）幼儿通过欣赏各种类型飞机的图片，了解多种飞机的特点。

（2）幼儿能够运用对称排列的建构技能，大胆选择合适的积木，表现机身、机翼及不同类型飞机特殊功能的部分。

（3）幼儿能与同伴合作搭建飞机，爱护自己及同伴的作品。

二、活动准备

（1）物质准备：直升机、战斗机、农用飞机的图片，建构活动空间约60平方米，人均3.5平方米左右（分组游戏）。

（2）经验准备：幼儿已了解飞机的基本构造，具有一定的对比观察能力。

三、重点和难点

重点：幼儿了解不同类型飞机的特点，能运用对称排列的建构技能搭飞机。

难点：幼儿观察对比各类型飞机的异同，大胆选择合适的积木表现飞机特殊功能的部分。

四、活动过程

（一）谈话导入，激发幼儿对飞机的兴趣

教师：老师收集了很多飞机的图片，你们知道它叫什么名字吗？你们还知道哪些飞机类型？

（二）观看图片，了解各种类型飞机的特点

（1）教师根据幼儿说的飞机种类，出示相应的图片。

① 教师出示战斗机图片。观察战斗机图片，了解其特征。

教师：这是什么飞机？有什么用途？它是什么样子的？和客机一样吗？哪里不一样？（战斗机，是用来对付敌人的，有发射子弹、导弹的地方，驾驶舱比较小，座位少）可以用什么积木建构发射器呢？建在什么地方合适？（引导幼儿仔细观察图片，注意机翼部分）

② 教师出示直升机图片。观察直升机图片，了解其特征。

教师：这是什么飞机？用来干什么的？和前面的飞机一样吗？〔直升机，救人、拍摄用的，没有机翼，顶部有螺旋桨（旋翼），机尾比较长，座位少〕如果用积木来搭建直升机，你会用什么积木来搭建螺旋桨？怎样才能稳定而不倒呢？（注意积木的大小并在中间交叉搭建）

③ 教师出示农用飞机图片。观察农用飞机图片，了解其特征。

教师：这是什么飞机？有什么用呢？它是什么样子的？（农用飞机，播种的，驾驶舱小，机翼下方有播种器）你觉得用什么积木可以建构播种器呢？（小的积木，如小长方形、小半圆等）

（2）教师：你们还知道哪些飞机？是什么样子的？和前面的飞机有什么不同？

教师：小小设计师，你们想搭建什么飞机呢？和小伙伴一起商量，并把你们的想法和计划告诉大家。

（三）讨论搭建计划

（略）

（四）幼儿建构飞机，教师指导

指导重点：机翼的不同。（战斗机的机翼上有很多的发射器、导弹等；直升机的旋翼在飞机的顶部，是交叉的十字；农用飞机的机翼上有播种器、洒农药等部件）

（五）师幼共同欣赏交流

（1）欣赏作品，幼儿猜飞机的名称，并说出理由。

教师：猜一猜这是什么飞机，为什么？

（2）说一说机翼的位置及表现的细节部分。（发射器、旋翼、播种器等）

五、总结

（1）对于幼儿来说，观察实物或模型比图片更简单。因此在观察图片时，教师要引导幼儿观察造型、功能各异的飞机，帮助他们分析出飞机的特点。在个别指导时，要引导幼儿用对称的方法设想图片中观察不到的部分，帮助他们解决困难，建构出立体的飞机模型。

（2）在合作中注意观察幼儿如何进行合作，如何合作解决建构中的困难。

（3）给予幼儿更多的创造空间，不一定只建构教师介绍的三种飞机，鼓励幼儿自行设计，建构出独一无二的飞机。

立交桥

一、活动目标

（1）让幼儿了解立交桥的外形特征。

（2）幼儿能用多种积木组合，创造出桥的各部位。

（3）幼儿体验建构游戏的乐趣。

二、活动准备

各种立交桥的图片（PPT）。

三、活动过程

（一）欣赏各种立交桥的图片，发现立交桥的多样性

（1）教师出示立交桥的图片。

教师：这些立交桥漂亮吗？你认识吗？

（2）请幼儿选择自己最喜欢的桥，并说一说理由。

（二）讨论几种立交桥的搭建方法

教师：立交桥是什么样的？可以用什么积木表现立交桥的特点？桥墩可以用什么积木搭建？

（三）讨论如何分工合作搭建

同伴讨论：准备搭什么桥？怎么搭？怎样搭才更整齐、牢固？

（四）幼儿分组参与建构游戏，教师指导

（略）

（五）欣赏与交流

教师：你们搭的是什么样的立交桥？用了哪些搭建技能？你们是如何合作

的？合作中遇到了哪些问题？是怎么解决的？

（六）根据幼儿搭建立交桥的情况进行总结

（略）

（七）组织幼儿有序收积木，按图标整理摆放

（略）

楼 房

一、活动目标

（1）幼儿在会搭小房子的基础上了解二层小楼的基本结构。

（2）幼儿能运用架空、盖顶的建构技能搭建二层小楼，并注意作品的牢固性。

（3）幼儿愿意与同伴商量，初步尝试两两合作搭建二层小楼。

二、活动准备

（1）物质准备：二层小楼图片、搭建过的小房子图片、各类积木。

（2）经验准备：幼儿建构过小房子（一层）。

三、重点和难点

重点：幼儿学会运用架空、盖顶的建构技能搭建二层小楼，并注意作品的牢固性。

难点：幼儿学会与同伴商量，初步尝试合作搭建二层小楼。

四、活动过程

（一）看图片，了解二层小楼的结构特点

（1）教师：假期里许多小朋友和爸爸妈妈外出旅游，看见了许多漂亮的小房子，我们一起来分享一下吧！

（2）观察二层小楼的图片。

教师出示图片。

教师：它和我们搭过的小房子一样吗？哪里不一样？（这是二层的小洋房，比我们搭过的房子更大、更高）有什么一样的地方吗？（都有门、窗、

墙、房顶）

（二）讨论二层小楼的搭建方法

（1）教师：如果让你来搭建二层小楼，你会从哪里开始搭呢？（由下往上搭建）

（2）教师：怎样搭建才能让它更加稳固呢？（积木对整齐，地基要打牢）

（三）幼儿尝试搭建楼房

1. 幼儿自由搭建

教师：我们都来当小小建筑师，每个人都来试着搭一座二层小楼房，好吗？

2. 分享增强牢固性的方法

教师：你觉得这座二层楼房牢固吗？为什么？（每块积木都对得非常整齐，上下的柱子都在一条线上，很牢固。教师轻轻摇一摇）

（四）讨论合作的方法

（1）教师：刚才是一个人搭楼房，你觉得怎么样？（要花很长时间）怎样才能搭得快一点？（合作搭楼房，搭得更快一些）

（2）教师：那怎么合作搭楼房呢？（商量，可以分别搭一栋二层小楼的不同地方或者共同搭一个地方）

（五）幼儿合作进行建构游戏

教师：下面两人合作共同搭建一座再大一些且牢固的二层楼房，好吗？

五、活动小结

（1）师幼共同欣赏作品。

教师：你觉得哪栋房子最漂亮，为什么？谁愿意来介绍一下你们是怎么合作的？我们去请好朋友来参观一下我们的房子吧！

（2）教师对幼儿作品进行点评。

六、活动结束

教师组织幼儿收拾积木，并将积木分类放好。

认识积木

一、活动目标

（1）幼儿进一步认识小方块、基本块、双倍块、四倍块、小方柱、方块柱、小长方形、扇形、小三角形、三角块、小圆柱、大圆柱、半拱门、小拱壁、打岔路、哥特式门、小曲面、大曲面、小半圆、小弯曲、大弯曲，初步认识它们的名称、形状。

（2）幼儿能区分什么是立体图形，什么是平面图形。

二、活动准备

各种形状的积木。

三、重点和难点

重点：幼儿认识积木及其形状。

难点：幼儿学会区分立体积木、平面积木。

四、活动过程

（一）看图片了解积木的形状

教师：小朋友，老师知道你们都很喜欢玩积木，可是你们知道吗？积木也有形状、名称，现在让我们来一起认识一下积木的形状和特点吧！

（二）观察各种积木的形状，并说出名称。

出示图片。

教师：你们有没有见过这些积木，有没有玩过？大家一起讨论积木的形状和名称吧。我们认识了积木的形状和名称，现在每张桌子上都有许多各种形状的积木，下面老师提问，先拿出一个长方体放在桌子上，互相看看拿得对不对？（继续提问）是否拿对，请小朋友先尝试一个人找出积木，然后尝试分组找出积木。

（1）教师将积木图片打印出来，请一个幼儿出来找积木，找到后搬回去。

（2）请幼儿分组找积木，将幼儿分成3～4组，选出一个小组长，带领队里的幼儿一起找积木，找到后搬回去。

教师：让我们当小小积木家，一起去找各种形状的积木吧。

（3）让幼儿说出积木的名称。（找到了积木，搬回来后请幼儿说出积木的名称）

教师：小朋友都找到了积木，让我们一起来说说这些积木的名称吧。（幼儿讨论是怎样找到积木的？合作方法是什么）你们是怎样找到积木的？刚才是一个人找积木，你觉得怎么样？（要花很长时间）怎样才可以找得更快一些？（合作找可以找得更快）那怎样合作找呢？（商量，每个人可以分别找几种积木）与幼儿一起检查是否全拿对？

区分立体积木和平面积木。

幼儿感知立体图形能站起来，有六个面；平面图形只有一个面。

教师：请小朋友猜测一下哪个是立体图形，哪个是平面图形？猜测完后请小朋友一起复习一遍积木的名称和形状，请所有小朋友将积木送回家。

五、教师小结

（1）教师：所有积木的家都是一样的吗？

（2）教师：你们一起合作找到了什么形状的积木？

（3）教师根据幼儿认识积木的情况进行总结。

架空和砌墙

一、活动目标

（1）学习架空和砌墙的建构技能技巧。

（2）幼儿能看图说出图片里的架空和砌墙技能。

二、活动准备

积木、图片。

三、活动过程

1. 图片导入

（1）教师出示多种技能技巧的图片。

教师：小朋友，你们还记得这些搭建的技能技巧吗？请小朋友说出图片中的技能。

（2）请个别幼儿回答，提问幼儿是用什么方法快速记住的？

（3）出示架空和砌墙图片。

教师：小朋友，今天我们学习两个新的搭建技能——架空和砌墙，我们一起来看看它们是怎样搭建的吧！

（4）教师进行搭建展示这两个技能，并详细讲解这个技能的搭建技巧和方法。

2. 我说你搭

（1）教师请一两个幼儿上来搭建，教师说搭建的内容，幼儿操作搭建。

（2）轮流请几个幼儿把架空和砌墙的搭建内容按前面的玩法进行一次。

（3）在每次的操作过程中，教师要评价幼儿搭建的内容是否正确。

3. 男女比赛

（1）教师先请第一批男女幼儿组合比赛搭建架空，再请第二批男女幼儿组合比赛砌墙。

（2）教师对架空和砌墙的内容进行小结。

小朋友，我们今天学会了架空和砌墙技能，要牢记相关方法，在搭建大型建构的时候，我们会用到它。

四、活动结束

教师组织幼儿收拾积木。

火 车

一、活动目标

（1）了解火车的基本特征与结构。

（2）了解火车与汽车的不同，运用延长、加宽、盖顶等多种建构技能表现出火车车厢长长的、一节节的特征。

（3）学会分工合作，尝试与同伴共同建构火车。

二、活动准备

（1）物质准备：火车图片、汽车图片、火车票、小人偶、环境布置（车站、山洞等）、各类积木。

（2）经验准备：幼儿知道或坐过火车。

三、重点和难点

重点：了解火车的基本特征，运用延长、加宽、盖顶等多种建构技能建构火车。

难点：幼儿分工合作、共同建构火车，保持作品的整齐。

四、活动过程

1. 谜语导入，引出话题

教师："长长一条龙，走路轰隆隆，遇水过铁桥，遇山钻山洞，脚下钢轮力气大，日行千里无影踪。"大家猜一猜是什么？（火车）

2. 看图片，了解火车的结构

（1）教师出示火车图片。

教师：你们都坐过火车吗？为什么坐火车？（火车也是一种交通工具，它的速度比汽车快）它是什么样的？（动车，长长的，两头都可以开）由哪几个部分组成？（车头、车身、车轮）

（2）教师出示汽车和火车动车的图片。

教师：火车头是什么样子的？（尖尖的）火车与汽车有什么不同？（轮子多，车身长）

重点引导幼儿观察车身的长度。

通过火车票上的车厢号，了解火车是由很多节车厢组成的。

教师：我这里有一张火车票，上面写了几号车厢，那表示什么意思呢？（在第几节车厢）原来火车有很多节车厢。

教师：那各节车厢是怎样连接起来的？（由钩子连接）车厢是由钩子连接起来的，在里面看不见。

3. 论论建构的方法

（1）教师：搭建时怎样将车身变长呢？怎样才能搭建整齐呢？（引导幼儿用延长、加宽的建构技能将车身变长，注意保持连接的整齐）

（2）教师：火车比较长，一个人搭比较慢，怎样才能加快速度？（合作）

（3）教师：一组人怎样合作呢？（分工，注意搭建的顺序）怎么分工呢？（迁移前面建构楼房时合作的经验）

4. 幼儿合作建构火车，教师指导

关注幼儿合作建构的情况。

五、活动小结

教师和幼儿一起欣赏作品。参观"火车站"，介绍小组共建的火车。教师做总结。

六、活动结束

教师：每人来领一张火车票，带着好朋友去坐一坐你喜欢的火车吧！

第四篇

幼儿园户内外体育游戏一体化创设实践研究

子课题"幼儿园户内外体育游戏一体化创设实践研究"结题报告

主持人：郭勤英（东莞市宏远中英文幼儿园副园长）

参与者：刘芳（东莞市宏远中英文幼儿园园长）

汪芳（东莞市宏远中英文幼儿园教学主任）

谢石花（东莞市宏远中英文幼儿园教学主任）

方仁波（东莞市宏远中英文幼儿园体育专业教师）

宋廷锹（东莞市宏远中英文幼儿园体育专业教师）

一、课题简介

在中国学前教育的改革体制下，在全国大力推动课程游戏化的时代要求下，在林燕玲名园长工作室的指导下，诞生了"户内外游戏一体化创设实践研究"这一课题，我园立足于幼儿发展的需要，立足于对体育游戏空间的利用，立足于教师教育观念的转变和专业成长，开展了"户内外体育游戏一体化创设实践研究"课题。在户内外体育游戏一体化的实践研究过程中，我们成立了专门的课题研究小组，按照小班、中班、大班不同年龄段幼儿的发展需要，积极开展幼儿户内外体育游戏的实施与研究。教师根据各年龄段幼儿的发展规律及实际能力，设计各种有趣的室内、户外体育游戏活动，培养了幼儿对体育游戏的兴趣，增强了幼儿的身体素质，提高了教师的专业能力和研究水平。

（一）研究背景及意义

《幼儿园教育指导纲要（试行）》指出，幼儿园应尊重幼儿身心发展的规律和学习特点，以游戏为基本活动，促进每个幼儿富有个性地发展。《广东省幼儿园一日活动指引（试行）》中规定：幼儿户外活动时间每天不少于2小时，其中体育活动时间不少于1小时。在国家大力推行学前教育课程游戏化的过程中，幼儿园应为幼儿创设良好的游戏环境，满足幼儿全面的发展需要。在名园长工作室创造性的"幼儿园户内外游戏一体化创设实践研究"总课题的影响下，我园根据本园近2000平方米的户外活动空间，进行了幼儿园户内外体育游戏创设实践的研究。随着课程游戏化的不断深入探究与实施，各类游戏成为幼儿发展的重要载体。而且，体育游戏能发展幼儿的动作协调能力，培养其意志力、团队合作精神和提高其身体免疫力。但目前开展体育游戏有诸多问题：体育游戏受到一定条件的限制，如受天气、时间、场地安排等影响；在教师的心目中，体育游戏都适合在户外进行，教师也缺乏开发课程资源的意识。如何有效利用我园的户内外活动空间，为幼儿创设进行户内外体育游戏的环境，进一步满足幼儿身心发展的需要，以此促进教师的专业成长，还需要做进一步研究。

（二）研究的理论依据

（1）哈佛大学医学院临床副教授，临床精神病医生，跨学科研究专家约翰·瑞迪（John Ratey）在《运动改造大脑》一书中揭开了运动与大脑的秘密，运动、大脑、心理健康这三个关键词几乎可以勾勒瑞迪教授的人生速描。《运动改造大脑》一书奠定了瑞迪教授在大脑与运动关系领域的领袖地位。他着手在全世界范围内重塑学校、企业和个人的生活方式，积极引导人们通过运动达到巅峰绩效和良好的心理健康水平。迄今为止，不一样的体育课已成为一种风靡全球的运动新理念，瑞迪教授的演讲足迹遍布加拿大、澳大利亚等12个国家和地区，他提倡运动，重新建立身心连接；提出了人类天生就要运动；运动让大脑保持最佳状态，运动是最佳的健脑丸，运动可以平衡大脑；运动让神奇的"脑细胞肥料"变多；不一样的体育课，全力运动比运动速度快更重要，将"四肢发达，头脑简单"的研究理论扭转为"四肢很发达，头脑不简单"。

（2）名人之说。

身体虚弱，它将永远不会培养有活力的灵魂和智慧。——卢梭

身体的健康因静止不动而破坏，因运动练习而长期保持。——苏格拉底

世界上的一切伟大运动都与某种伟大理想有关。——泰戈尔

（3）刘焱教授在《游戏通论》中提到：幼儿运动能力的发展，包括身体基本活动能力与身体素质的发展，可以将走、跑、跳、投掷动作与运动的协调、灵敏、速度、力量等作为评价指标。身体活动与运动对于儿童来说具有重要的意义，一方面，儿童通过运动促进其他能力的发展；另一方面，儿童其他方面的发展也会影响儿童的运动能力。运动能力的发展与神经系统、骨骼系统、肌肉系统的发展有着密切的关系，但是任何运动能力的实现都源于大脑运动中枢的发展，是小脑和脑干承担着向大脑皮层传递信息的任务，所以在此进一步说明了运动改造大脑的科学理论。

（三）课题研究的核心概念及内容

1. 核心概念界定

体育游戏：规则性运动游戏，是指教师根据幼儿的动作发展水平、运动能力、社会性发展水平及规则意识发展水平等设计的富有规则性的运动游戏。

一体化：整合户内外原本相对独立的环境空间，根据所创设的体育游戏的适宜性、可行性，投放相应的游戏材料，以幼儿发展为共同目标的过程。

2. 研究对象

本园小、中、大班幼儿。

3. 研究目标

（1）研究户内外体育游戏的环境创设及材料的有效投放和活动组织，通过观察幼儿与环境、材料的有效互动，提高教师对户内外空间的合理利用，发展幼儿的各项技能，促进教师的专业成长。

（2）探索不同年龄段幼儿对体育游戏的兴趣，形成园本课程。

（3）探究幼儿园户内外体育游戏如何一体化，教师合理利用空间、时间、环境材料，让游戏环境互相补充，有机结合，实现游戏的价值。

4. 研究内容

（1）通过研究解决户内外体育游戏场地合理利用、体育游戏适宜性划分、体育游戏材料投放的问题，提升教师实施户内外体育游戏的能力，促进教师的专业成长。

（2）教师通过对幼儿户内外体育游戏的观察，捕捉幼儿的兴趣点，开发各种适合各年龄段幼儿的户内外体育游戏。

（3）如何让幼儿通过户内外体育游戏活动，增强体质，提高身体机能的运动能力，提高学习品质。

5. 研究重难点

重点：以幼儿为本，开发出符合幼儿需要，且幼儿感兴趣的户内外体育游戏。

难点：教师用专业的眼光观察幼儿的户内外体育游戏，打破固定思维模式，采用由外向内延伸体育环境的形式，激发幼儿对户内外体育游戏的兴趣，并根据幼儿的兴趣生成各种户内外体育游戏，同时制定科学的评价标准。

（四）课题研究的思路与方法

本研究采用行动研究法、观察法、经验总结法，自下而上，教师通过观察幼儿对户内外体育游戏的兴趣，生成一系列体育游戏，形成园本课程，从而提升自身的观察能力和对幼儿运动能力的科学评价能力，在研究中不断总结反思，促进专业成长。

1. 行动研究法

每学期分年龄段进行户内外游戏活动设计和环境创设，开展材料投放研讨活动交流，调整游戏活动设计思路，明确幼儿阶段性的发展目标，完善幼儿户内外游戏资源库。

2. 观察法

在课题实施的各个环节中，教师有目的、有计划地对观察对象及其行为进行观察、记录、分析，为户内外体育游戏材料投放提供实践依据。

3. 经验总结法

组织教师在研究过程中及时总结，提炼经验，收集体育游戏案例，形成相关的研究成果。

（五）研究过程

第一阶段：准备阶段（2019年9—12月）

（1）成立课题组，确定研究内容和制订研究方案，明确课题组成员的职责。

（2）学习有关本课题的理论材料，通过各种途径查阅文献，组织教师学习相关理论。

（3）把课题研究纳入日常工作中，为课题研究小组开展工作提供有力的时间保障。

第二阶段：研究阶段（2020年1—12月）

（1）组织教师培训，强化课题组师资队伍建设。

（2）组织教师进行户内外体育游戏的分类，通过观察提供户内外体育游戏材料的投放，研究幼儿与材料的有效互动，创设户内外体育游戏的环境。

（3）每天晨练时间、每周五上午组织实施幼儿户内外体育游戏活动，教师需学会评价体育活动。

（4）邀请专家进园指导。

（5）各年龄组定期进行研讨活动，介绍工作进展情况，进行中期汇报活动。

第三阶段：总结阶段（2021年3—9月）

（1）汇编项目研究成果（研究报告，小、中、大班户内外体育游戏案例集，户内外体育游戏材料集，音像、视频资料整理等）。

（2）撰写研究报告。

（3）接受专家组评估验收、总结成果。

二、课题研究成果

（1）在户内外体育游戏研究的过程中，通过不断教研、学习、专家指引，我园教师也提高了理论基础，开阔了视野，发展了创新意识，提升了体育游戏的教育教学能力。

（2）在幼儿体育游戏活动教学过程中，激发了教师提升体育游戏活动的质量。首先，有充足的体育游戏时间和丰富的体育游戏材料，并不断优化游戏的组织形式，寻找科学教学策略。在活动中让幼儿可以更加自主地选择游戏器材，并与同伴共同创设游戏环境，发挥幼儿的创新能力和合作能力，帮助幼儿养成良好的学习品质。其次，教师学会了根据幼儿的年龄特点，科学选择体育游戏教学内容。教师在组织幼儿进行户外体育活动时，需要参考幼儿的年龄特点、兴趣爱好等，这样才能引导幼儿更加积极地参与户内外体育活动，让幼儿在活动中玩得开心，获得更多快乐。最后，教师在组织幼儿进行户内外体育活动时，根据游戏所适宜的空间，创设室内或户外的游戏环境，有效实施室内体育游戏和户外体育游戏。例如，在小班室内体育游戏中可以创设有动物形象的游戏情境，让幼儿能够更好地融入游戏情境中，获得更多快乐，激发幼儿参与的兴趣。对于大班或中班的幼儿来说，可以把室内的桌椅柜子利用在体育游戏中，就地取材、灵活方便地组织体育游戏，在活跃幼儿身心的同时，不仅能够激发幼儿对体育游戏运动的兴趣，培养幼儿的运动能力，还能增强幼儿的身体素质。

（3）创设丰富的体育游戏环境，让幼儿的多种能力综合发展。教师在体育游戏环境创设中，尽可能根据游戏活动的需要，将走、跑、跳、爬等动作相结合，将游戏中的情节、角色、竞赛等相互融合。如在"丛林探险"游戏中，教师设计的游戏以绕过障碍走过草坪—跑到山脚—钻过山洞—翻过高山—走过小桥—摘到果子等为背景进行情境创设。通过这样的方式让体育游戏更具知识性、趣味性，同时让活动形式更加新颖，不仅能够激发幼儿参与游戏活动的积极性，而且能够更加有目的、有计划地让幼儿学习基本的体育动作，同时也能加强幼儿的走、跑、跳、爬、平衡、力量等体能训练。

（4）教师对体育游戏的评价能力有了较大的提升。在户内外体育游戏的组织与实施过程中，教师学会了观察和评价，在研究和总结中制定了"幼儿园体育游戏活动评价表"。

幼儿园体育游戏活动评价表

一级指标	二级指标	指标要求	分值	得分
活动实施（60分）	活动目标	目标具体明确，有认知目标、能力目标、情感目标；符合比赛和《3—6岁儿童学习与发展指南》的要求以及幼儿的年龄特点；叙述条理分明；做到关注全体，兼顾少数	5	
	活动内容	活动重难点突出；能为实现学习目标服务	5	

续表

一级指标	二级指标	指标要求	分值	得分
活动实施 （60分）	活动过程	1.活动整体结构完整，层次分明，循序渐进，环环相扣；有解决教学重点、难点的具体措施。2.活动方式恰当有效，以游戏为基本形式，给予幼儿直接感知、实际练习、亲身体验、交流合作的机会。3.活动结构、顺序以及时间安排合理；时间利用率高；过渡自然，强度适中。4.教师教态自然，语言清晰、简练、流畅，条理清晰	25	
	师幼互动	1.尊重幼儿，师幼关系融洽、和谐，活动氛围宽松、民主。2.给幼儿提供发挥、创造的空间，凸显幼儿的主体地位。3.能兼顾主体和个体差异，每个幼儿都能得到支持和关爱。4.给予幼儿自主选择、共同合作的机会，幼儿参与方式多样	20	
	安全与保护	关注安全问题，采取有效安全措施，做好安全保护工作	5	
教学效果 （35分）	活动气氛	气氛活跃，关系融洽，幼儿积极参与，遵守规则，团结协作，乐意接受教师的指导和同伴的帮助	10	
	运动负荷	运动密度75%以上，强度符合幼儿的年龄特点	15	
	体能发展	通过合理组织活动，达成能力目标	10	
场地设施 （5分）		合理使用场地，根据活动内容选择器材；教学辅助设备等符合教学实际；器材管理与使用规范、合理	5	
合计				

三、研究价值和创新之处

研究价值：幼儿通过体育游戏充分利用幼儿园的环境空间资源、游戏器材和游戏创设，寓体育锻炼于游戏中，一方面在学习中游戏，在游戏中发展了自身的走、跑、跳、钻爬、投掷、平衡等基本能力；另一方面在游戏中学习，提高了自身的毅力、社会交往能力、合作能力、语言表达能力等。在愉快、有趣的游戏中提高了幼儿的基本动作技能，提高了各个器官的机能，使幼儿的身心得到均衡发展，同时培养其良好的学习品质，如培养幼儿遵守规则和与人合作的能力等。

创新之处：转变了教师的固有思维——体育游戏一般在户外进行。教师在户内外体育游戏的活动组织与研究过程中，不仅创设了户外体育游戏的案例，还创设了许多有趣好玩的室内体育游戏。

四、课题研究成果

通过对户内外体育游戏一体化的创设实施研究，取得了一定的教研效果。

（一）课题研究取得的文本成果

（1）《小班户内外体育游戏案例集》。

（2）《中班户内外体育游戏案例集》。

（3）《大班户内外体育游戏案例集》。

（4）《户内外体育游戏材料集》。

（5）《论文集》。

（6）研究报告：《幼儿园户内外体育游戏创设实践研究》。

（二）教师与幼儿的成长

教师在户内外体育游戏的实施研究中，学会了观察幼儿，能科学投放游戏材料，创新设计体育游戏活动，解读幼儿的游戏行为，科学评价游戏活动，梳理有效的体育游戏指导策略。幼儿在户内外体育游戏活动中，我们把课题研究落到实处，保证了幼儿进行体育活动的时间，幼儿的身体机能、身体素质得到了提高，幼儿的运动能力得到了全面发展，在五项体能测查中，合格率由78%提高到92.5%，大大提高了幼儿的运动能力，为幼儿的身心健康助力。同时，幼儿在体育游戏活动中，不只是运动能力得到了发展，更重要的是自主、创新、合作、耐力、愉快等方面的学习品质也得到了发展。

五、结题研究反思

（1）教师在游戏材料投放方面，比较依赖购买现成的器材，以物代物的游戏材料比较多，对游戏活动的设计有较好的创新意识，但是在材料的投放方面还有待进一步提高。

（2）在课题实施过程中，教师对体育游戏环境的风险评估没有良好把握，幼儿在体育游戏中会发生一些磕磕碰碰的现象，导致教师由于对安全的顾虑，无法放开地进行体育活动的组织和实施，往往会在体育游戏活动的设计中通过降低难度和强度来保证游戏安全。在以后的工作中，需要对老师进行游戏安全评估能力的培训，把握安全环境的度，避免对幼儿过度保护而影响了幼儿的发展。

（3）我们每学期投入一定的研究经费，购买课题研究的设施设备、游戏材料、书籍材料等，保证科研活动的正常开展。教师对游戏本身的研究比较主动，但是忽略了对材料如何为游戏更好地服务方面的研究，如万能工匠材料，可以组合成许多不同的玩法，达到训练不同动作的目的。

（4）幼儿对地面贴线游戏的兴趣不高，刚开始时喜欢玩，玩了几次之后，发现游戏的形式不变，游戏的环境不变，不具有挑战性，因此需要教师定期更换地面游戏。

东莞市宏远中英文幼儿园　郭勤英

2021年7月9日

幼儿园户内外体育游戏一体化材料一览表

名称	图片	名称	图片
轮胎		跳马	
双杠		单杠	
河流平衡木		梅花桩	
平衡木		鞍马	

续表

名称	图片	名称	图片
半圆梯		万能工匠	
万能工匠		彩虹伞	
蜈蚣拔河		高跷	
敏捷梯		揪尾巴	
粘粘衣		弹弹跳	
两人双足		袋鼠跳	

续表

名称	图片	名称	图片
手脚协力板		呼啦圈	
圈圈开火车		东南西北跑	
滚筒		雪糕筒	
半圆球		拱门	
跨栏		圆形拱门	
圆形山洞		门形山洞	

续表

名称	图片	名称	图片
垫子		木梯组合	
短棒		篮球	
毛毛虫		扣杆	
筐子		桌椅	

幼儿园户内外体育游戏材料投放方案

宏远中英文幼儿园　　汪芳

丰富多样、好玩有趣的游戏材料是推动幼儿园室内外体育游戏顺利开展的前提条件。各个游戏区的材料，只有最大限度地提高幼儿的游戏水平，发展幼儿的动作技能，基于幼儿视角下的游戏，基于对幼儿游戏的了解、观察和满足他们的需要来进行创设，并将户内外游戏延伸统一规划管理，才能达到该项游戏的活动目的。我园针对"幼儿园户内外体育游戏一体化创设实践讲究"开展了子课题，进行了幼儿园户内外游戏材料投放，具体如下。

1. 室内游戏材料投放要点

相对于幼儿园户外活动，由于没有大型游戏器材辅助、活动场地面积有限、活动量受限，开展室内体育游戏活动的难度更大，更需要教师开动脑筋，充分挖掘已有材料，创设新游戏、新玩法。那么，怎样把室内变成"游乐场"呢？室内体育活动是指幼儿在活动室、阳台、楼道、门厅等活动场所进行的多种体育活动，是幼儿园户外体育活动的重要补充，要开展好室内体育活动，离不开教师的奇思妙想。幼儿园利用室内已有的设施设备，在安全的前提下，将桌子、椅子、垫子、收纳箱等巧做体育材料，可以开展平衡、钻、爬、侧滚等活动。

（1）椅子桌子新玩法钻洞寻宝（小班）：将三张桌子按宽度连接摆放，在桌子下面放好塑料地垫，并撒下"宝贝"（用纸片等玩具做宝贝）；引导幼儿利用桌下空间，双腿跪地爬过障碍物，进行钻山洞练习。在钻的过程中，幼儿至少要捡到4个宝贝，以锻炼幼儿身体的协调能力。

（2）过草地（中班）：将5张桌子并在一起，幼儿依次从一端爬上桌子，滚动到最后一张桌子之后从桌上下来，走回到起点。练习在物体上滚动的技能，磨炼幼儿意志，锻炼身体的协调能力。

（3）我是小红军（大班）：间隔50厘米均匀地摆放两排椅子，椅子间横杆拴若干条挂有小铃铛的皮筋，并在皮筋下面的通道上放好棉垫。在引导幼儿讨论过"封锁线"的方法后，引导其练习匍匐爬行动作，体验蹬、伸腿的动作要领。全体幼儿分组游戏，并强调游戏规则：不碰响小铃铛，防止"敌人"听见，培养幼儿的团队合作精神。

（4）垫子桌子巧利用——好玩的靠垫（小班）：将娃娃家、图书角的靠垫收起来，引导幼儿把靠垫当作方向盘、蘑菇、雨伞、小船等，分别进行跑、跳、举、划等动作的练习；幼儿合作将靠垫连成一条小路，体验赤脚在上面行走的快乐。

（5）跳跳乐（中班）：将幼儿分成几组，在幼儿尝试用双脚夹住靠垫跳的基础上，双脚并拢跳，夹靠垫开展游戏。在快乐、自由的夹靠垫跳跃游戏中感受跳跃运动的快乐。

（6）垒高（大班）：将若干地垫堆放成不同的高度，引导幼儿自选高度进行跳跃练习。另外，利用地垫能立体拼接的特点，教师可引导幼儿将两块地垫拼接成若干高低不一的"小山丘"，组织幼儿玩"过山丘"的游戏，发展幼儿的跳跃、平衡能力。

教师应该根据活动空间提供适宜的玩具、材料。班级为幼儿提供了体积相对较小、功能多样的手头玩具，如适宜在室内使用的沙包、小球、沙袋、套圈等。玩具、材料的投放要数量充足，满足幼儿不同的需要，既要有活动上肢的玩具、材料，也要有活动腿部的玩具、材料，以使幼儿身体均衡发展；玩具、材料要有层次性，以满足不同发展水平幼儿的需要；玩具、材料要有可变性及可探索性，尽可能做到一物多玩，以促进幼儿创造性思维的发展。

除了跳房子以外，在民间各地还流传着许多具有浓厚生活气息、风格各异的游戏，它在许多人的脑海中留下了美好的童年回忆。同时，民间游戏玩法简单易学、趣味性强、材料简便，不受人数、场地、环境限制。因此，教师结合地形，进行了民间游戏的设计与实施。

2. 户外游戏材料投放要点

户外体育活动是幼儿园体育活动的重要组织形式，从幼儿的兴趣、爱好、能力、水平出发，为幼儿提供了更多自由活动的机会。其活动的趣味性和自由度，不仅有利于发挥幼儿的积极性、主动性和创造性，更有利于教师因人施教。在幼儿园教育的实际工作中，我们更侧重于开展使用有形的运动器械的活动，幼儿每天至少进行2小时的体育锻炼，增强幼儿的体质，提高幼儿对环境的适应能力。在体育活动中培养幼儿坚强勇敢、不怕困难的意志品质和主动乐观合作的态度，让幼儿在户外快快乐乐地进行体育锻炼和学习。我们按照"健康、安全、简便、有趣"的原则，广泛收集材料，对材料中的不利因素加以取舍、改进，从而丰富幼儿进行体育活动的器材，使体育活动的内容和形式更加多样化。

（1）尽心收集，感受民间游戏的多彩；尽善尽美，改编创新游戏。民间体育游戏作为传统文化的一部分以其独有的特点及价值，在幼儿发展中起着十分重要的积极作用。民间体育游戏不受场地限制，在室内、户外都可以进行，各班级在进行民间体育游戏时能充分发展幼儿的主体性，幼儿可自己组织进行。

（2）精心选择内容，选择适合不同年龄幼儿的体育活动，如跳跃区的袋鼠跳、助跑跳、跳格子、跳绳等，这些游戏都比较质朴、活泼，所以我们也会经常开展这样的活动，同时根据主题的内容再挖掘，生成一些新的体育游戏。

（3）确定目标，有目的、有计划地提供器材。在幼儿园现有的器材中选择适当的、有层次的活动材料进行活动，并运用幼儿园现有的体育器材自制适用的体育器材，如纸球、沙包、毽子、拉力器等器械。

小、中、大班户外体育自选活动材料投放内容表

年龄段	活动材料投放	发展指向
小班	PVC管棒等	跳
	轮胎	平衡能力和合作能力
	报纸球稻草人	投掷
	轿子	协同走路
	骑竹马跨栏	跳跃、夹物跑
	推车	自控能力
	纸箱动物车	爬行协调
	球、独木桥、小路	手眼协调
	竹筒、奶罐、矿泉水桶拉车	走或跑
中班	沙包	投掷、跑、躲闪
	沙包、格子、小花片积木	跳跃
	沙包	抛接
	毽子	手、眼、脚协调
	背篓纸球	反应、躲闪、奔跑能力
	橡皮筋	手脚协调跳跃
	铜板或硬币，长条木板	手眼协调
	布条	合作、协调
	绳圈、沙包	肩部、腰部和腿部力量的锻炼
	长竹竿	跳跃、协调
	格子、木块	单脚跳跃

续表

年龄段	活动材料投放	发展指向
中班	木梯	攀爬、协调
	方镖	手臂力量
	平衡车	平衡
	纸板	手眼协调
大班	竹骨牌、沙包	手眼协调
	草龙	臂部力量及动作的灵敏性、协调性
	PVC管架	跨栏、跑、协调
	竹圈、铁钩	协调能力和动作的灵敏性
	陀螺、抽绳一条	反应能力、协调能力
	橡皮筋	双脚协调跳
	毽子	单脚站立的平衡能力
	沙包	投掷、躲闪
	蒙眼睛的布条、绑腿的布条	四散躲闪
	一块方形小木头	单脚站立的平衡能力
	长短不一的绳子	手脚协调
	三角形、梯形、正方形、长方形	快跑
	绳子、石头、鼓	四肢的力量、合作
	竹竿	腿部肌肉力量、合作
	报纸	快速追逐跑
	长绳	平衡、躲闪
	竹圈	快跑、闪躲

总之，通过有效投放户内外游戏活动材料，满足幼儿多样化的游戏需要，让幼儿在户内外游戏中，发展运动能力，培养机智灵活、不怕困难等优良品质，增强责任感和自信心，形成活泼开朗、乐观向上的性格，尽情享受游戏的快乐。

幼儿园户内外体育游戏指导策略

东莞市宏远中英文幼儿园　谢石花

《幼儿园教育指导纲要（试行）》指出：幼儿的教育要以游戏为基本活动，寓教育于各项活动之中。著名儿童教育家陈鹤琴先生也说过：游戏是儿童的心理特征，游戏是儿童的工作，游戏是儿童的生命，幼儿园课程应该是游戏化的。《广东省幼儿园一日活动指引（试行）》也明确提出：幼儿园每天要开展不少于连续1小时的自主游戏活动。

体育游戏是指以促进身体正常发育和机能协调发展为主要目的的游戏。《3—6岁儿童学习与发展指南》将动作发展作为健康领域的一个重要目标，而体育游戏是促进幼儿动作发展的有效途径。相关研究表明，通过体育游戏，对幼儿动作学习与模仿能力、动作节奏感、动作准确和协调性有积极的促进作用。在体育游戏中，为使幼儿的身体动作得到充分发展，并体验到体育游戏的快乐，教师细致有效的观察与指导策略至关重要。

教师指导的优劣直接或间接影响幼儿在游戏中的体验。教师有效的观察与指导能够提升体育游戏的质量，充分发展幼儿的动作技能，丰富幼儿的游戏体验。在体育游戏中，教师观察与指导的策略主要包括观察动作发展的情况，帮助幼儿掌握要领；观察幼儿投入游戏的状态，提高幼儿主动参与的积极性；观察材料的投放与使用等，以满足幼儿发展的需求；观察幼儿在活动中的自我保护及自我照顾的能力；观察幼儿遵守规则的表现，培养幼儿的规则意识。

一、观察动作发展的情况，帮助幼儿掌握要领

体育游戏是在各种基本动作的基础上创编出一系列的形体动作，也就是串联各种身体动作的运动过程，有些游戏可能包含复杂的动作组合。而大班幼儿的运动技能和动作技巧还比较欠缺，对于像单脚跳跃、投掷、攀登、腾空等动作需要一定的时间进行练习，才能基本掌握、熟练。因此，在体育游戏开展的过程中，教师应该注意观察幼儿对游戏技能的掌握情况，针对未能掌握技能的幼儿进行个别指导。

在指导过程中，教师可以采取身体示范与语言讲解相结合的方法，示范是让幼儿在视觉上理解各个动作的组成，讲解是让幼儿在听觉上明白动作的要领，示范与讲解的有效结合主要是帮助幼儿更好地理解游戏的技能、技巧。由于大班幼儿的理解能力和思维能力尚未完备，教师在讲解时语言应规范、准确、精练、通俗、清晰，易于幼儿接受，能够唤起幼儿头脑中鲜明的表象和丰富的联想。而且，教师在示范动作时，也要让幼儿明确示范动作的目的性、正确性和规范性。通过动作示范，使幼儿明白动作的力度如何、方向如何、运用身体的哪些部位，并在头脑中对所要学习的动作建立起清晰的表象，以形成正确的动作概念和动作过程定式。如在大班体育游戏"袋鼠跳"中，需要幼儿两腿并拢站在布袋里并跳过不同高度和宽度的障碍物。教师在游戏前已经对动作技能进行了讲解，并让幼儿进行了练习，但在游戏过程中仍然有部分运动能力欠佳的幼儿没有熟练掌握这一技能，导致游戏进程缓慢。这时，教师在游戏区旁边一边用语言讲解具体步骤，一边示范"袋鼠跳"的正确方法，"我们先将双脚站在布袋中，再用双手紧紧抓住袋口两边的把手，将布袋拉直，双脚并拢，腿稍微弯曲，用力向前跳，这样才能跳得又稳又好"。通过这样的方式，幼儿可以进行有意识的观察并同步模仿教师的动作，从而在头脑中建立清晰的动作表象，强化自身对"袋鼠跳"这一游戏技能的掌握，保证游戏的正常开展。

二、观察幼儿投入游戏的状态，提高幼儿主动参与的积极性

体育游戏多以有组织的集体性游戏为主，游戏过程中需要幼儿有秩序地

进行操作与体验。当一些幼儿正在进行游戏时，其他幼儿可能就在旁观或消极等待。而大班幼儿情绪易于变化，兴趣还处于不稳定状态，易受周围环境和他人的影响，注意力容易分散，行为坚持性较差，有时出现游离于游戏之外的状态。因此，教师要在体育游戏中时刻观察幼儿的游戏状态，吸引每个幼儿都能够投入游戏中，体验游戏带来的快乐。

教师可以运用幽默风趣的语言来吸引幼儿的注意力，或多采用同时游戏法，尽量减少幼儿的等待时间，如在大班体育游戏"沙包炸弹"中，需要幼儿分两组站在起跑线上，老师把班级幼儿分成两组，选出一名领队，然后由领队带领幼儿开展游戏。游戏还没有开始时，教师就提醒两组队员，要有"防护墙"才能阻挡敌人的攻击。刚开始，两组的队员就迅速组织自己的队员搭建"防护墙"，"防护墙"一搭好，队员就拿起沙包向对面展开攻击，很快，两组就开始了激烈的斗争。这时，教师观察到，很多全部集中在中间位置，有点拥挤，甚至出现组员之间抢沙包的现象……于是，教师暂停游戏，召集两队集合，就刚才游戏的情景和幼儿们开展讨论。教师问道："刚才你们在玩游戏，觉得拥挤吗？沙包够用吗？"教师让幼儿们带着问题去思考。于是，领队迅速组织自己的队员，对游戏中出现的问题进行讨论并想出调整方法。讨论时间一到，教师宣布第二轮游戏开始，只见各组队员迅速散开，各个位置都安排人员驻守，就这样开展了激烈的游戏。游戏结束时，各组队员都意犹未尽，幼儿们纷纷讨论，下次我们可以这样、那样，才能把"敌人"消灭。通过教师的这种指导，可以帮助幼儿更全面地探讨游戏的玩法，保持游戏热情，使他们能够积极主动地参与游戏，感受游戏的乐趣。

三、观察材料的投放与使用等，以满足幼儿的需要

体育游戏以走、跳、跑等为基本内容，单纯进行这样的体育技能活动会让幼儿有枯燥乏味的感受，若以游戏材料为媒介，借助材料丰富游戏的趣味性，可以提高幼儿的参与积极性，帮助幼儿实现与自我、同伴及环境的互动。大班幼儿已能根据游戏材料进行各种各样的探索、操作活动，也会根据自己已有的知识和经验来构建专属自己的认知结构与经验框架，以满足自身发展的需要。材料是进行体育游戏的必要物质准备，合理有效的材料投放及使用对提升幼儿游戏水平、强化幼儿游戏感受具有重要作用。对于以具体形象思维占主导的大班幼儿来说，生动、有趣的游戏材料更能够激发幼儿的兴趣，也会使幼儿更积极主动地投入游戏中。

教师在游戏过程中应观察幼儿使用每种材料的次数多少、每次使用材料的时间长短等，来判断所投放的游戏材料对幼儿的吸引力，如在大班体育游戏"爬山洞"中，教师利用废旧纸箱做成山洞状，组织幼儿进行游戏。可是幼儿对此并不感兴趣，进行游戏的幼儿寥寥无几。随后教师改用呼啦圈来做山洞，并将纸箱贴上彩纸，画上山洞石块的图案，这次许多幼儿都被吸引过来，游戏开展得很顺利，幼儿玩得也很投入。另外，同一年龄阶段的幼儿的兴趣、需要、运动能力有不同，因此不能忽略幼儿的个体差异。教师在投放游戏材料时既要面向全部幼儿，也要符合每个幼儿的最近发展区。例如，在大班体育游戏

"森林旅行"中，平衡木是其中的一种游戏材料，教师先是提供同一标准的平衡木，可这一标准对有些幼儿来说太过简单，然后教师及时做出调整，为幼儿提供了不同高度、宽度、长度的平衡木，幼儿可以根据自己的能力自由选择不同的平衡木来进行游戏，使每个幼儿都能积极投入游戏中，并获得良好的体验与适宜的发展。与此同时，教师在组织幼儿进行体育游戏时，应充分考虑幼儿生理和心理所能承受的负荷量，合理地安排与开展游戏，使幼儿获得最佳的运动效果，以达到提高幼儿身体素质、增强幼儿体质、娱悦幼儿心灵的目的。

四、观察幼儿在活动中的自我保护及自我照顾的能力

由于自主性户外运动游戏活动是低结构活动，因此需要教师在活动时特别关注幼儿的安全及幼儿自我保护和自我照顾的能力。当然，教师需要在活动前先检查好各类器械、场地，以确保没有安全隐患，检查幼儿的着装和鞋子是否适合运动，同时还要提供擦汗毛巾、垫背毛巾、饮水壶、盛放衣物的篮子等材料供幼儿在需要时取用。

在自我保护能力方面，教师可以观察幼儿在选择和使用器械时是否考虑到玩法的安全性，以及在出现一些难以控制的身体动作时的表现，同时还要关注幼儿在游戏过程中是否考虑到自己行为对同伴的影响，如果有危险或者可能会碰撞到其他幼儿时，会不会及时进行调整。在自我照顾能力方面，教师可以观察幼儿在需要时是否能主动擦汗和饮水，在运动过程中能否主动增减衣物等。

在开展自主性游戏活动前，教师先应合理安排自己的站位，确保自己的视线能关照到所有幼儿。在指导前教师还应把握好度，既不要因为害怕出现事故而过于控制幼儿的探索性行为，又要及时制止幼儿危及自身和同伴安全的不适宜行为，在指导过程中可以采用以下几种方式。

1. 个别指导和同伴影响相结合

幼儿的身体素质和运动能力各不相同，针对身体素质和运动能力较弱的幼儿，教师要加强个别指导，因为他们对那些危险性大的项目缺乏自我保护能力，随着幼儿能力的提升，教师便可逐渐放手。在活动中，有时同伴的影响也是很有效的，看到别人遇到困难或危险时，幼儿会从中吸取教训，反复琢磨，从而增强自我保护意识。幼儿学会自我保护，就等于在生存中向前迈进了一大步。我们不鼓励幼儿随意冒险，但适当让幼儿在一些活动中掌握自我保护的方法和提升自护能力则是十分必要的。

2. 表扬和引导相结合

在户外自主性游戏活动过程中，其实幼儿有一些很好的自我保护方法是教师都没有想到的。教师可以在活动结束前的分享交流环节中及时给予表扬，使更多幼儿了解到哪些行为是应该注意的，哪些行为是安全的，并学习同伴好的自护方法，同时，对于活动中幼儿的危险动作和行为，教师也应及时制止并予以引导，避免在以后的活动中再次发生类似行为。

五、观察幼儿遵守规则的表现，培养幼儿的规则意识

体育游戏有一个明显的特征就是有一定的游戏规则，幼儿是否理解规则、游戏是否按照规则开展是体育游戏顺利进行的重要保证。胡伊青加认为：如果游戏规则没有被游戏者遵守，整个游戏便无法进行，而违背规则的游戏者会受到其他游戏者的排挤。大班幼儿的大脑皮质还没有完全成熟，受小脑控制的情绪活动占据主要地位，自律性、自制力较差，还不能较好地控制自己的行为，遵守规则的意识也较薄弱。因此，在体育游戏中，教师也要注意观察幼儿是否理解游戏规则，是否遵守游戏规则。为了培养幼儿的规则意识，可以有意设置一些符合体育游戏规则的提示，通过图画或文字的形式，让幼儿能够清晰地理解规则，如在大班体育游戏"篮球宝贝"中，需要幼儿钻过山洞，跨过栅栏，跳过小河，然后拿着篮球站在指定位置投篮。教师根据每个场景都绘画了一幅图片并附上简单的文字，并将图片按照顺序排列好，提醒幼儿要按照规则进行游戏。另外，当幼儿违反游戏规则时，教师也可以通过语言和动作进行有效的引导与调整。

《幼儿园教育指导纲要（试行）》中提出：开展多种有趣的体育活动，特别是户外的、大自然的活动，培养幼儿参加体育锻炼的积极性，并提高其对环境的适应能力。该活动需要有一定的腿部力量和身体协调能力。幼儿在自由练习时还很好，但在集体有组织地跨跳时，一些个子小、腿部力量差的孩子就会压线，或是根本没有跨跳过去。幼儿喜欢跳、爬、钻、绕等方面的游戏，参与积极性很高。在熟悉了"小马运粮"这个故事后，为激发幼儿在游戏活动中的竞争意识和合作能力，教师要培养幼儿战胜困难、克服困难的决心和信心，使

幼儿能够在今后的生活中勇敢面对困难。

当幼儿面对失败挫折时，老师要耐心引导，及时与幼儿交流，给予一定的语言鼓励，正确引导幼儿理解输和赢的含义，只要幼儿调整好心态，感受到自己在游戏过程中体验到的快乐和学到的游戏玩法与技巧，那才是最重要的。鼓励幼儿要勇于挑战，不怕困难、不怕失败，从失败中吸取教训，为以后的成功打下基础。

体育活动是一个丰富多彩的世界，教师要不断从激发幼儿的兴趣入手，把握幼儿的身心发展规律和年龄特点，尊重和理解幼儿的个体差异，因材施教，勇于创新，注重培养幼儿的创新意识、综合能力，才能满足素质教育的需要，促进幼儿的全面发展。通过不断的实践探索，总结出不同年龄段幼儿的基本动作发展的指导方法和策略，有效提高幼儿户外活动的质量。

2021年7月